Master
of
Conversing

# 掌控聊天

## 人际沟通中的关键策略

张超 著

中国友谊出版公司

# 前　言

## 聊天是掌控关系的重要工具

### 学会聊天，帮你获得无限的资源

如果有一项技能，让你通过短时间的学习，就能为生活带来巨大的帮助，你认为是什么呢？

我的答案是，聊天。

在一段关系中，一个人表达自己的方式有两种，一种是用行动表达，一种是用语言表达，而语言有时比行动更高效。在初期结识时，我们需要用语言给他人留下美好而深刻的印象；在维护关系时，我们需要用恰当的沟通和对方产生深度的联结；当双方处于对抗关系时，如果用说话来解决问题，往往就能在第一时间缓和矛盾，解决冲突。

尤其在当下，我们大部分的资源都来自人脉，掌握了聊天的能力，就等于拥有了无限的资源。

聊天是掌控人际关系的重要工具，然而，并不是所有人都会聊天。真正有质量的聊天，绝不是自说自话，不是随意地吹牛、“侃大山”，不是想到什么说什么。聊天，也是需要策略的。

我常常举下面这个例子：

你问一个五岁的孩子：“你会唱歌吗？”

孩子会充满自信地仰起脸说：“我会！”

如果你问一个二十五岁的年轻人：“你会唱歌吗？”

对方也许会迟疑。

问一个三十五岁的更加成熟的人：“你会唱歌吗？”

他有可能很肯定地回答：“我不会。”

同样如此，当我们问一个五岁的孩子：“你会说话吗？”

孩子会充满自信地说：“我会！”

但如果你问一个二十五岁的年轻人：“你会说话吗？”

对方也许会迟疑。

问一个三十五岁的更加成熟的人：“你会说话吗？”

他有可能很肯定地回答：“我不会。”

因为当一个人经历越多，他对事物的看法会越成熟，他就会明白“会”是怎么回事，“会”有多么不容易。查理·芒格说，除学习技能之外，我们还要掌握学习的方法。

学习说话和聊天的方法之前，最重要的就是重塑认知，要永远知道自己学的还不够。

我工作至今二十余年，无论是做总经理助理，还是记者、团队领导者，一直都在靠说话为生，却从不敢说我已经掌握了这项能力。

这个工具，包含了心理学、社会学、语言学等多门学科的知识，还需要复杂、多样化、层次丰富的社会经验，更需要用各种工具，比如用批判性思维对自我情绪进行认知、审视、把握。

好消息是，一旦走上了学习如何聊天的道路，你会发现，你的生活比以前容易多了。学会说话，是帮助你建立个人品牌、搭建沟通渠道、获得丰厚回报的成本最低的生活手段。当然，任何技能都是需要在反复的践行中不断进阶的，会聊天虽然不能说是“一劳永逸”，但绝对称得上是“一本万利”。

## 真正的说话高手，都是情商高手

我们常常会发现，主持人这个社会角色比其他社会角色似乎更容易实现成功跨界，他们能在非专业领域获取资源和机会，因为这个行业有其特殊性，需要天天说话，和嘉宾、观众聊天。他们不仅说得多，还得说得让人爱听；让人爱听的同时，还得注意分寸感；既要说出有分量的话，又要兼顾风趣和幽默。另外，因为说得多，自然就容易错得多，自然就需要在负反馈中及时调整。

总之，主持人比普通人更需要日复一日地精进说话的技能，所以在家庭、事业、关系上，他们往往更加从容。

更重要的是，在长久的实践中，他们的情商得到了不断的验证和修正。因为好好说话一定离不开一个人对情商的调用，说话最重要的不是掌握文字技巧，而是要理解他人的感受。真正的聊天高手，都是情商高手。

那么，什么是高情商呢？高情商的本质，是你期待别人怎样对你说话，你就要用怎样的方式来对他说话。人际关系的质量，通常是由沟通方式决定的，同样的内容，会因为语言包装形式和态度的不同而产生不同的效果。日常生活中人际关系的破裂，通常和语言的不当使用有很大的关系，而高情商能让你在不同的情境中，通过恰当的语言，使事态良性发展。

很多人认为高情商的训练是一件重要但不紧急的事情。重要，是因为大家都知道，早日提升说话水平能够让你在生活、工作、人际交往中前所未有的顺利；不紧急，是因为如果今天不提升说话水平，似乎不会马上失业，也不会马上失去朋友。

但是，种一棵树最好的时间是十年前，其次是现在。如果你现在就开始训练，那么很可能第二天就能在生活中用起来。对于培养一项能力来说，最大的忌讳就是等待。

我研究情商和说话艺术二十余年，通过自己的经验，总结了一套“高情商训练法”，并集结成册，曾出版了“高情商系列书”：《高情商聊天术》《高情商沟通力》《高情商交际学》。我试图用这三本书，帮助大家提升从说话到做事的情商。很庆幸，这些书帮助了很多读者。

在《掌控聊天》这本书中，我集合了以上对情商的探索和思考，试图将聊天技能和情商进行更深层次的结合，教给各位读者最有效的聊天方法。在书中，我尽量选择真实的案例，从生活中常见的、亟待解决的场景入手，提供掌控情绪、对话策略、关系推进、解决对抗这四个部分的知识和经验。同时，我提炼了在日常生活和工作中最实用的四十种对话策略，帮助大家改善谈话效果，提升人际关系。

## 聊天能力是训练出来的

在分享方法之前，我尤其要提到的是聊天的作用。

人与人的关系有时候就像蜘蛛网，如果我们肯花时间去观察，就会发现，只要在空气中待的时间够久，蛛丝就会慢慢地消失，随风而去。随着“网”的消散，我们和他人的联系也就断了。

聊天，就是让联结不消失的重要方法。

我们感受一下下面的对话：

A：我想和其他供货方合作。

B：为什么不继续和我签约？

A：我觉得你不在乎我这种小客户。

B：我给你的是最好的优惠，每一次送货都很及时，我怎么不在乎了？

A：但是你从没有和我聊过天。有一次，商品换包装了，你也没有及时和我沟通。

从逻辑上看，B的话当然有道理，他认为自己在商务合作中，该做的都做到了。但如果我们站在A的角度来思考问题，就能够理解A的感受。如果没有聊天，没有沟通，A怎么能够知道B对自己的重视？

而聊天的质量，影响着你和一个人的关系是否能延续。高级的聊天就是要让你获得对方的好感和认同，同时还要让对方感觉不到你是在抬高自己。

比如，针对上面的例子，B可以主动去聊天。

B：最近产品销售得好吗？

A：不太好。

B：我刚开始做推广的时候，也是这样，好几次遇到困难都觉得要放弃了，后来我发现，除了产品要好，还得有一套好的销售思路和方法。

A：我觉得自己挺热情的。

B：那你可以先统计一下接触的客户量，有多少人购买了产品，有多少人成了朋友，又有多少人是产生不了影响的，然后我们再分析一下还有哪些细节可以完善。

A：谢谢，我还从来没有这样认真分析过。你真有经验。

B：我和我们负责渠道的王总比起来，还差得远呢。我一开始也不会做客户管理，起初都是她指点我的，咱们俩多交流，一起提高业绩。

A：好的，我以后要多跟你沟通。

分析这段对话，我们可以看到B的聊天技术是非常成熟的，他表达了自己的关心，还展示了自己的经验和能力。他说自己“差得远”，又适当表示了一种平等和谦虚，无意中提到的某一个更厉害的人又展示了自己的人脉和见识。

这样的一段聊天，很容易在不知不觉中收获对方的信任感和认同感，并展示了自己的权威感。

关于聊天，我更想说的是，不要小看平时随意的一句“你最近好吗？”，你可以轻轻松松地给朋友和客户发这一句话，固然没有什么特别的意思，但对方能够收到这句话背后释放的信息——“原来你很在乎我”。这句看似轻描淡写的话，就能印证聊天的重要作用。

因为世界上从不缺功利的人，缺的是每个人发自内心地对别人付出的真诚、无畏、关注和同情。

所以，聊天对增进所有关系都适用，即使你与一个人进行漫无目的的聊天，只要聊到位，也能推进关系。等你真正需要对方帮助的那一天，对方也会愿意真诚地帮助你。但如果你们平时没有聊天，你们之间的关系就会像房檐上的蜘蛛网一样，随风消散，直到什么也没有。

每个人都应该主动学习聊天技巧以改变聊天方式，甚至可以说，改变聊天方式就是改变人生的方式。

比如，你可能在聊天时因为很难找到合适的话题，而让气氛变得尴尬；或者词不达意，让人产生误解；在谈判中，总是处于被动地位，任人牵着鼻子走；在矛盾中无法厘清思路，情绪失控……

只要遇到过以上的情况，都应该学习掌控聊天的方法。语言不是一种天赋，而是一种技能，技能都是要在训练中获得的。

希望你能够从这本书中获得有效的经验，多学、多练，掌握好这门技能。

无论你是想推进关系，还是想获得他人的好感，或是想在谈判中获得主动权，又或是想要通过说话解决矛盾、修复关系，都可以翻开这本书。让我们一起将书中的方法用起来，真正将说话变为一种力量，在任何看似不经意的聊天场景中获得人际关系的主导权。

**张超**

# 目 录

## 第二章　对话策略：轻松赢得谈判，达成说服



## 第三章　关系推进：拥有打动任何人的语言技巧

# 01

第一章

# 掌控情绪：如何搞定双方的情绪

## 洞穿情绪背后的原因

在与人谈话时，经常会冒出一个“谈话杀手”——情绪。常常有人问我如何控制情绪，为什么明知道不该发脾气，就是忍不住。

如果你也一样，容易被情绪影响，怎样才能好好说话呢？

如何控制情绪是沟通中的常见问题，却并不是高难度问题。成年人之间，情绪也是一种权衡的结果，所以我们不必把情绪视为洪水猛兽，当你读懂了情绪的规律后，它就无法对沟通造成负面影响。

人群中常见的发脾气的对象，都是相对弱势的人。

比如，对孩子发脾气，而不是对老师发脾气；对同事发脾气，而不是对老板发脾气；对家人发脾气，而不是对客户发脾气；对乙方发脾气，而不是对甲方发脾气。

为什么呢？因为对后者发脾气的代价比前者大。

心理学上，有个“踢猫效应”，也从侧面印证了这种说法。

老板开着新买的车在去公司的路上超速驾驶，结果被警察抓住，被教育一顿后收到了罚单。老板心里非常恼火，回到公司后无处撒气，于是把销售经理叫到办公室训了一顿。销售经理莫名其妙地被骂，满腹委屈，便气急败坏地对秘书横挑鼻子竖挑眼。一肚子气的秘书就去找接线员的碴儿。无辜的接线员没有人可以撒气，又不敢得罪客户，下班回家后，骂了儿子一顿。儿子无比恼火，冲着自家猫就是狠狠一脚……

这个故事其实是一个情绪转嫁链条。心理学上认为，负面情绪通常是从等级高的向等级低的传递，由强到弱传递。处于金字塔底部的人最弱小，往往就成为最终的受害者，比如“踢猫效应”里的那只猫。人的潜意识里有“保护自我”的功能，虽然我们会选择将负面情绪发泄出去，但通常只会向比自己弱小的人发脾气，因为他们没有还击的能力。

趋利避害是人的天性。

多年前，我和一个客户谈合作。

那天，客户指着合同中的三个条款告诉我有问题。我对合同内容了如指掌，我扫了一眼合同之后直接回应他，他指出来的三条合法、合理、合情，没有修改的可能性。

客户当场暴跳如雷，拂袖而去。

我当时并没有觉得自己不妥，我认为对方是无故发作。

后来我考虑了一下，这次合作，领导并没有要求我一定要谈成，而且这个客户也没有重要到我必须忍耐他的坏脾气。但是，如果就此负气一拍两散，我自己并不愉快，对整个项目也没有什么好处，我还是想试着解决一下问题。

于是我策划了一下如何与客户沟通。那一次我很客气地给客户打了电话，令我吃惊的是，客户的态度非常好，答应出来见面。

我将约见的地方选在了一家茶楼。见面后，客户的态度还是很客气，我也很礼貌。我们聊了近半小时，谁也没有提合同。我先从自己早期的一家工作单位开始聊起，后来发现，我和对方以前为同一家企业服务过。

终于聊到了合同，我稍微修改了其中的一项条款的表述方式，他也很痛快地确定了合作。

那一次的合作，完成了出人意料的销售目标，正因对方并不是独角兽企业，所以双方合作的配合度完美，在市场的开拓效果上超越期待。

后来，我和这个客户成了非常好的朋友。

这件事情令我收获更多的是，我真切地明白了人不但是利益动物，还是面子动物。我在真实的生活中懂得了什么叫“面子是人的第二心脏”。

原来，这个客户当时发脾气的原因并非合同条款，而是因为他年纪轻轻，刚被提拔，一个下属拿着这份合同，请他“帮助”沟通条款。他一心想要立威，和我沟通的时候却被我直接驳回，他在下属面前极为丢面子，所以宁肯牺牲合作，他也要任由自己发泄情绪。

在这种权衡下，如果不是我主动去推进合作，恐怕永远也得不到事情的真相，也就失去了看事情的另一种角度。

从那一刻开始，我就明白了：跟一个人说话的时候，还要去看周围的环境，去了解对方想要在他人眼中树立什么样的形象，要兼顾真实的语境，不要因为对方的情绪影响判断。

尤其要注意的是，如果对方与你开始了情绪对抗，别着急反驳或者自证，对方正在气头上，与他据理力争只是自讨苦吃。你不妨想想，他在发泄情绪的同时也在权衡利弊，分析他自己为什么会发火。当你弄清楚了双方在“情绪传播链条”中的位置，理解了对方情绪背后的原因，就能对症下药，找准对方的痛点，用沟通去化解隔阂。

## 合理性发怒：用愤怒扭转局面

很多人认为高情商的人没有情绪，或者是特别擅长压抑自己的情绪，这是一种误解。

高情商的人不但会用妥帖的方式对待别人，更会用同样的方式善待自己。他们对情绪有着深刻的认知——情绪有它的丰富性，即使是负面情绪，也是有用的。

最典型的，就是愤怒这种情绪。

在所有情绪中，愤怒似乎是最能影响人际关系的情绪，因为愤怒容易引起彼此的对立。而且，一次发怒而导致关系出现的裂痕，可能需要用无数的行动来修复。

愤怒是人类情绪系统中最原始的一种。因为愤怒的破坏性，我们习惯了对愤怒的作用进行负向的解读，倾向于把愤怒视为一种粗暴的、消极的情绪，认为愤怒绝对是不好的。

在社会发展中，愤怒往往是被压制的。而事实上，愤怒并不是毫无意义的，它也有积极的作用。

愤怒提示着我们可能有一些心理需求没有得到满足，比如没有得到尊重，尤其在我们遇到不公平的对待时，愤怒可以帮助我们将心中的不满表达出来，为我们争取权利。此外，愤怒还可以帮助我们设立与他人的边界，我们可以用发怒来提醒对方——“我现在很生气，不要冒犯我”。

如果我们在人际关系中一味地压抑愤怒情绪，就有可能逐渐丧失自己的权利。因此，学会发怒是必要的。合理的发怒，其实可以帮助我们扭转局面，化被动为主动。

如果很多时候，你发现发怒让你的事情更难办了，你就要有意识地学会调整，尽量不使用愤怒的语言去表达；但如果在某些特殊情况下，发怒并不是为了自我宣泄，而是为了掌控局面，我们就可以利用愤怒，来为自己服务。我们可以将这种发怒称为“合理性发怒”。

合理性发怒要注意三方面的细节管理。

第一，快速掌握权力的需要。

小林临危受命，接管公司一项活动的现场布置。活动时间逼近，但装修工人却一直在消极怠工，面对装修工人违反约定的操作，小林现场发飙，劈头盖脸地来了一句："舞台构造出错了，责任人是谁？这次造成的损失，我现在立即要求索赔！"

虽然小林的话有漏洞，但他在工期迫近的情况下迅速扭转了局面。

我在前面提到过，在权力体系中，人们通常认为敢于发怒的人是掌握权力的人。小林的话虽然包含怒气，却有极强的针对性，也说明了消极怠工的后果，以此起到了整顿整体的作用。

第二，承受不公平的待遇时，表达往往比"如何表达"更重要。

我们刚刚踏入社会时，常常会感觉自己说话逻辑性不强，尤其是和别人产生矛盾时，满腹委屈却不懂如何为自己争取话语权，不知道如何吵赢对方。

这样的情况其实完全不用紧张。首先，我从未见过谁是靠会吵架在社会上赢得影响力的；其次，当承受不公平待遇的时候，要记住，即便你磕磕绊绊地表达出自己的不认同，也比沉默强多了。

当你在说话的时候，释放怒气，给对方示警的信号，也能对关系起到积极的作用，让别人改变对你的看法，知道你不是软柿子。

第三，运用“唯一应对法”：以不变应万变的应对方式。

我们发怒的时候，往往对方也怒气冲冲，由于彼此施加压力，火上浇油，导致“祸从口出”。尤其在亲密关系中，因为太了解对方，深知对方的痛点，可能导致一言不合就启动了核武器般的语言攻击。这种情况下，我们可以在脑海中进行提前预演，给自己规定一条回应策略：不论对方说什么，如何刺激你，哪怕对你进行人格上的攻击，你都可以用唯一的回答方式去应对。

比如，以下的对话，A 就用了“唯一应对法”。

A：这个假期的旅行计划你没有与我进行任何沟通，就擅自做了安排，我绝对不能接受。

B：我这么安排有什么不好？

A：我就是不能接受。

B：你说，你想要什么，是让我退机票吗？

A：你擅自安排了我们两个人的行程，我绝对不能接受。

B：我觉得你就是无理取闹，借题发挥！

A：你这样的安排，我绝对不能接受。

B：你到底想怎么样？

A：我只知道，我不能接受你这样的安排。

以上的对话中，A 看似有点无厘头，却启动了对关系的最佳保护策略。

当然，运用这个方法的重点，是要观察对方是否在盛怒之下，是否已经陷入了对关系的否定中。如果对方已经走进死胡同，为了长久的关系，不可跟随对方的节奏去辩解，最好是用这样单一的回应方式，让自己原地踏步。记住，有些情况下，不犯错就是正确！

另外，面对别人对你的洗脑，也可以采取这样的方法。

比如，当别人劝你集资的时候，要知道对方的话术有可能早已包含了对人性的研究，进行了千变万化的包装，各种激发的手段也层出不穷。所以，无论对方说什么，不要跟随，不要好奇，不要被牵着鼻子走。这时，你也可以提前采用“唯一应对法”，用冰冷的回应代替内心的愤怒。

如果对方说：

“是你家人不同意你投钱吗？你自己赚的钱自己做不了主？”

“你是不是根本就没有钱？”

“你少拿出一些钱，投资少部分，先来试试高回报，总可以吧？”

你没有必要回应所有的细节，更不必跟着对方的节奏自我辩解：“谁说的？我有钱，我的钱我能做主！”如果这样去回应，对方还有更多的洗脑话术等着你接招，没完没了。

想要赶紧摆脱困局，你只需每次都回应“我还是不想进行这次投资”就够了。无论对方怎么用激将法逼你妥协，你都可以用这一句话应对。

## 多角度判断：不同情况下如何表达

某公司曝出了如下事件。

销售部门张总招聘了新人晓峰。晓峰刚到公司不久，就谈下了一笔大单。由于订单量巨大，在讨论巨额的销售分成时，公司对张总和晓峰的利益分配产生了犹豫。

平时，晓峰对张总毕恭毕敬，谈这笔业务中还多次请张总指导，然而在公司高层商讨如何分配利益时，晓峰果断地将所有的功劳全揽在自己身上，称客户虽然是张总的大学同学，但是从跟单、控单、签单，到售后维护，所有的关键环节都是自己独立完成的。并且，客户看重的是公司品牌而非同学关系。

最后，公司将百分之百的签单分成给了晓峰。而这一笔分成的数额之大，即便他在后期与张总的斗争中无法再合作，甚至“被离职”，都称得上是他的第一桶金。

以上案例虽然是一个很小的单一事件，但我们还是可以从三个角度来透彻地分析。

第一，把这个小事件放置于一个大的系统环境来分析。

从时代背景来看，这样的案例为什么会在近十年频繁地发生，而在几十年前较少出现这样的“下级抢功上级”的情况？

随着科技的快速发展，社会竞争出现了新的局面。商业文明空前发达，很多行业迅速更迭，有的公司甚至在新科技的冲击下一夕之间就被迅速淘汰。甚至在国外，有科学家认为，人类可能灭绝的根本原因，在于技术的高速发展。

技术带来了现代化生活，也导致了前所未有的危机。

在这样的局面下，人际关系模式也有了新的变化，一部分人不再以“以时间换空间”的方式去积累人情和人脉，而是以“短平快”的“割韭菜”的方式求生存、谋红利。

对于张总来说，他从根源上对这种现象是缺乏敏感性的，所以才没有在关键节点全程参与和控制这笔订单，导致最后的被动局面。

第二，从当事人双方的角度来理解事件。

每个人在真实的生活中都会面临竞争，每个人对于公平也都有自己内心的尺度。该案例中，张总和晓峰都有各自的立场和观点，而且两个人都必须坚决捍卫自己的立场和观点，无论最后公司如何进行利益分配，两方都绝不应该采用和稀泥的态度来应对。

如果双方还以“哈哈哈”的态度来相处，维持表面上的和睦，反而是互相侮辱了对方的智商，也是对自己权利的不尊重。记住，高情商的人并不是虚伪的人。

第三，作为旁观者，我们从深层的心理层面进行分析的话，一个高情商的说话者，在遇到这种情况时会如何说，如何做？

在这件事情中，利益受损的是张总，那他应该怎么说，怎么做呢？

如果我们对人性体会至深，就会发现，公司里任何一个同事对他提及此事时，他最应该选择的方式是沉默。

一个人处境不佳的时候，是很容易说话颠三倒四、态度直露的。但旁人不会站在你的角度去考虑你的情绪，而是时时刻刻都在通过你说的话来评价你。

所以，我们要有这样的意识：越是环境不利，越要注意自己表现出来的态度，这会决定别人是继续对你投资，还是让情况变得更糟。

再举个例子。

小莉向小吴倾诉她在办公室被同事欺负、被领导排斥的事情。没过多久，小莉发现小吴正在慢慢地疏远自己。

小莉向小丁倾诉自己在工作中的不如意，一开始，小丁说："你们公司氛围真的是太差了。"第二个星期，小丁说："你为什么要在这样的环境里待下去，赶紧离开吧。"

小莉向小王倾诉，小王说："你也应该反思下自己性格里的问题，毕竟人际关系都是在互动中产生的，你多找找自己的原因。"

为什么小莉得不到自己想要的回应，得不到他人的理解呢？因为她不够懂人性。

她本来想得到小吴的亲近，但是使用的语言和自己的目的正好相反。她越说自己在公司如何被动，越会导致对方疏远自己。试问，谁愿意和一个"大家都不喜欢"的人在一起呢？

小莉和小丁的互动中，小丁是一个不愿意接受情绪污染的人，所以一句反问，让小莉陷入尴尬。

小王的反馈更是人际关系中一种常见的现象，即不公平的现象发生之后，人们总是在一个时间段内对弱者报以同情，但是随着时间的推移，人们的心情就发生了改变。比如，惨剧发生之后，一开始人们的态度倾向于“愤愤不平”，对弱者表示同情，但这丝毫不能给人们的内心带来好的感受，所以人们开始为这种不公平的现象寻找理由。人们为了生存与生活，本性里都在追求安全感和确定性。

心理学上有种现象，叫作“合理化”，合理化是一种非常常见的心理防御机制。当出现了某些负面事件时，我们会找一些理由来为这个事件进行辩解，使自己心理上得到安慰，掩饰自己不愿承认的事实。

简单来说，就是人们不愿意接受危险的信号，不愿意接受不公平的信息，不愿意接受没有理由的伤害。人们愿意对现象进行“合理化”总结，哪怕是对事件进行错误的归因，就像有的人患病，可能并没有具体的原因，但是很多人会归因为饮食不良或者心胸狭窄。对一些贫穷的人，人们会惯常地认为是因为对方懒惰，或者是没有头脑。

就说我们自己，如果我们工作上出现失误，可能也会为自己找一些理由来开脱，比如这个项目本身就存在着难以规避的漏洞，或者其他同事配合度不高等。

我们每个人都是这样，习惯通过合理化归因，让心理产生安全感。

所以，当我们知道人们对于“不公平事件”存在这样复杂的心理变化，明白了情绪管理的意义之后，就会明白，沉默不是压抑，而是一种生存手段。一个人在处于劣势、需要朋友的时候，尽量展现积极的一面；如果不能够展现积极，也切记不要让负面情绪包裹自己，以免流失更多支持自己的力量。

上述案例中的张总，面对大部分同事，就可以采取沉默策略。

但是面对公司高层，他要如何解释此事呢？

这个时候，继续沉默只会让自己吃哑巴亏。比沉默更重要的方法，是自我总结、自我定义。

因为当你有能力为一件事情下定义的时候，别人就不会再去定义，毕竟很多事情只对当事人自己来说是最重要的。对于别人的事情，我们往往不愿意深入分析，而且会很容易接受当事人自己的判断。

针对此事，张总应该如何去自我定义呢？答案是以真诚为底线，同时，展示实力。

公司将天平倾斜于晓峰，在这个不利的信号背后，可能有如下情况：公司鼓励新人开拓业务；公司对张总的管理能力有所质疑；公司认为张总有足够的忠诚度，不会因此与公司决裂。

可能性很多，张总回应的说话方式，不仅应该冲破情绪层面，还要包含如下的信息：

第一，“我与下属一向配合得当，这次事件两人分歧这么大，也是偶然事件”。

先指出自己并非对局面丧失掌控力，这次事件只是一个个例，是特殊情况。“一向”和“偶然”暗指了问题的过错方不在自己。

第二，“事已至此，不管利益分配如何，都不会影响我的工作积极性。客户也是我的老同学，这笔订单是通过我私人关系签下来的。我认为还是应该以长线合作为主，对外维系好大客户，而不应该因内部事务干扰到客户”。

暗含了自己对公司很真诚。即使自己也因为此事感到不满，但也不具备破坏力，不会消极怠工。

第三，“大客户如同大海里的鲸鱼，我们现在不能只盯着池子里的大鱼。我自己还会继续开拓新的市场”。

既展示出与晓峰不同的格局，又展示出自己的实力和为公司持久创收的能力。

这样带着真诚的态度，一条条地进行自我定义之后，领导们一定能够看到张总的过人之处。虽然在这次不公平事件中，他失去了销售的提成，但在无形中让高层对其产生了深刻的好印象。

## 空隙法则：制造空隙，引导对话

有时候，不说话比说话更有力量。在与他人的对话中，敢于制造空隙，不仅能让自己的思维更清晰，还能给对方造成适当的心理引导，让局面为自己所掌控。

我们要敢于面对自己内心的噪声，说出真正有力量的话。懂得制造对话空隙的人，才能真正做到气定神闲，不急于说“不”，也不急于说“好”。如同两个人见面，第一个笑的人往往是处于交往中被动位置的人。

如果你与他人交流得足够多，就会发现，人们说的一切话，本质上可能只是在维护自己的利益。很多人往往会为别人的生活而担心，提出这样一些问题，比如：

父母总是乱买保健品怎么办？

同事总是说话不考虑别人感受怎么办？

我有一个朋友，他投资总是很冲动怎么办？

以上每个问题，都可以拆分成两个部分：描述部分和解读部分。

我们可以尝试着进行解读：

父母乱买保健品，乱花钱（描述部分），有可能对我产生影响怎么办（解读部分）？

同事说话不考虑我的感受（描述部分），伤害了我的玻璃心怎么办（解读部分）？

我有一个朋友，他投资冲动（描述部分），失败后又找我借钱怎么办（解读部分）？

这些问题，表面上是关心别人，事实上是在担心自己。提问的人如果能在自己的心灵上停顿一分钟，好好想一想，这些问题到底是属于别人的，还是自己的，那么有的问题就自动消失了。还有的问题，想明白了是谁的问题，解决方法自然就有了。

生活中，我们面对的大部分问题都是自己的问题，自己的问题处理好了，别人自然就无法干扰到自己。最重要的是要为思想制造空隙，对问题进行解读，承认别人的行为让自己不舒服了，了解自己到底在焦虑什么，而不是回避问题的本质。

面对别人这样的提问，我们也可以利用空隙法则来应对，转移矛盾点。

转移的方式是，当对方出现情绪波动和困惑的时候，不必在说话的时候步步紧跟，而是制造一个空隙，不直接回答对方的问题。等到对话自然发展到一个成熟的状态时，再回头填补这个空隙。

以下就是利用空隙法则进行引导的一场精彩的聊天。双方通过积极的对话，一起发现问题的本质。

A：我有一个朋友，他投资总是冲动怎么办？

B：他投资冲动的结果是什么？

A：投资失败，当然会赔钱。

B：为什么他不改变？

A：他有时候也会大赚一笔。

B：也就是说，在你看来的“冲动”，并没有给他造成特别大的困扰，是吗？

A：还是有困扰的，投资失败的时候他会找我借钱。

B：你愿意借钱给他吗？

A：以前几次我都心甘情愿地借给他了，但是这次投资的类型我本来就不看好，他还是投了，失败后又来找我借钱，我不愿意借。

B：如果你不借会怎么样？

A：会伤害我们之间的感情。

B：伤害感情对你造成的影响是什么？

A：我和他之间还有一些商业上的合作。

B：这应该就是你担心的地方。对方和你有商业上的合作，与你有一种紧密绑定的关系，而你对他的行为却缺乏控制力，这就是你所担心的，是吗？

A：是的，他第一次找我借钱的时候，我毫不犹豫，心甘情愿地给了他支票。但这次的数目很大，我觉得他得为自己的冲动买单，而不是让我来帮他承担。

B：你更加担心的是，在你们合作的生意上，对方“冲动”的话，最后你要和他一起面对不好的局面。

A：是的。

B：那么，第一次他这么做的时候，你其实也不认同，是吗？

A：是的，第一次他找我借钱的时候，我也觉得这不是我的事情，但我还是借了。

B：所以，他第一次借钱的时候，你也并不是“心甘情愿”的。

A：对，因为我的经济压力也很大。

B：你必须要和他合作吗？

A：他的一些社会关系非常活跃，能为我们的合作带来很好的机会。

B：你的感受和对方提过吗？

A：没有。

B：所以你可以和对方提吗？

A：这次我觉得到该解决问题的时候了，我会和他去聊这件事。

B：以后再遇到类似的事情，你觉得怎么做才合适呢？

A：我觉得我应该在对方第一次开口借钱的时候，就表明自己的态度。

如上这段对话中，其实有一个空隙是在后期来进行处理的。

就是在A提出“他第一次找我借钱的时候，我毫不犹豫，心甘情愿地给了他支票”，B并没有直接否定A的感受，说A并非真正的心甘情愿，而是用了另一个话题替代当时的话题。之后，B又循序渐进地帮助A发现自己真正的不满是什么，引导A做出决定，知道以后该如何处理类似的问题和关系。

空隙法则在谈判中也同样适用。

在合作中，很多问题的解决既不能妥协、退让，又不能一味进攻，甚至连“各退一步”的折中法则也是无效的。这时候，在谈判中制造一个空隙就尤为重要。比如：

A：这个假期我想去三亚。

B：可是我想去青岛。

在如上的对话中，双方的诉求是不同的，三亚在中国的南方，青岛在中国的北方，如果采取各退一步的原则，难道要一起去“秦岭—淮河”旅游吗？

而空隙法则在这里就适用。

A：说说看，你为什么要去青岛？

B：最近工作压力实在太大了，我心里很乱。我们以前总是去爬山，这次想去海边散散心。

A：看来我们两个都想去海边，这就好办了。天气热的时候我们去青岛，冬天我们再一起去三亚，可以吗？

在这个对话过程中，要注意的是，既然是空隙法则，就要给自己和双方都留下空间，如果A没有让对方说出理由、想法、感受和期待，而是直接进行不留余地的进攻——“我们两个人既然都想去海边，那就听我的，我们这次先去我想要去的地方”，效果就可能截然不同。

总之，先处理自己内心的急切感，用“空”出来的技巧再植入到对话中，就会使看似平常的对话拥有惊人的说服力。

## 发酵原则：切勿过早地袒露内心

我有一个朋友，对沟通中的说服极为“擅长”，熟知国内外各领域的经典说服案例与说服理论，也常常会给别人分享类似的内容。可是他的演讲，总是得不到令人满意的效果，而且在实战中，尽管他的说服方法并不生硬，却总是引起别人强烈的抵触和反感。

有一次，我对他说：“你有没有注意到演讲中的高手，往往会在语言之间进行停留。他们从不担心这些停留会让人离开，事实上，这些冷静的时刻，反而把听众带入演讲的情境之中了，注意力再次集中起来了。”

他当然马上就明白了，但还是没有明显的改变。

有一次我和他一起去见他的一位老同学。他想说服这位老同学和他一起创业，并且信心十足。整个过程中，我就默默地观察他的表现。

拜访结束，我和他得出的结论截然相反：他认为自己已经完全打动了对方，合作没有问题，我却有很大的不确定。看他信心满满的样子，我并没有跟他讨论这件事。

当天晚上，他就收到了老同学的微信，对方委婉地表示自己对所要投入的行业不了解，不考虑合作。

他非常吃惊，来问我为什么会出现这样的结果，他明明已经给出了完美的方案和丰富的数据，也说得够到位了。

我说："正如你问了，我才会说原因。因为我是在用事实来说服你，而不是用语言。"

他极为聪明，马上问："你是不是觉得我对他说得太多了？"

问题正是出在这里。想要说服别人，并不需要多余的行为和语言来进行辅助，并不是所有备用工具一定要全部用上，才能证明你思虑周到。

他的老同学自创业失败后已经很久没有工作了，所以谈项目之初，这位老同学明显已经动心了。但是我的朋友开始为自己的说服加码，说服的理由越来越多，说服的力度越来越强，这对于一个成熟的人来说，无疑会起到一种相反的作用。

第一，容易引起逆反之心。

两个成年人之间，尤其是两个老同学之间，原以为对方与自己的能力不分伯仲，那么，凭什么对方说什么我都要接受？

第二，容易对事情生疑。

当我的朋友越说越多时，他的老同学明显觉得这件事情一定对说服者有着更大的利益，否则为什么会如此急切地展开“天花乱坠”的劝说。虽然我明白这位朋友的初心，他确实希望他的老同学振作起来二次创业，但过于急切地说服，往往会适得其反。

所以，不要过度追求用最详尽的证据劝说对方。我们不妨用一种真诚的态度，自然地表达“我是真的为了你好”，这样，对方就能潜移默化地进入一个由你营造的氛围中。

第三，逼迫对方立即做决定。

说服并不是话越多越积极，而是巧妙地“发酵”，也就是给对方留下足够多的线索和信息，让对方自己去联想，去完成加工。

真正的说服，是让对方不觉得自己是在被说服，只有让对方的情绪进行自由的酝酿，才有利于他做出决定。任何人面对貌似“非做不可”的事情时，都会有压力。给他留下足够的决定空间，他才会感觉自己是自由的，而不是被你逼迫的。所以，说服最忌的是急攻心切。

有时候，我们针对自己进行一丁点改变，就能在人际沟通中带来巨大的进展。我会给一些“反应特别快”的人这样的建议：笑容晚一些，坦白晚一些，嘴巴慢一些。这本质上都是在利用“发酵原则”。

### 1. 笑容晚一些

在我以前的合作中有一位女士，能力非常优异，但她告诉我，无论是学习还是就业，总是面对同样的问题，就是一开始总不被他人所看好。

她感觉非常奇怪，因为她的自身条件并不差。有人说家庭环境决定一个人的命运，而这位女士，无论是她父母的社会地位，还是她自身的学历背景，都称得上十分优秀。那么，问题到底出在哪里？

她曾自我反思，是不是自己的形象看起来显得年龄太小，容易让人误会是社会经验不足，让对方产生不信任感？后来，她发现身边有的同事年龄比她小五六岁，合作方依然在一开始更重视那些同事，而不是先给她机会。她开始总结可能是自己的某些反应模式出了问题。

在她咨询我之后，我也很长时间都找不到原因。后来，我在反复的观察中慢慢发现：她的笑容总是来得太快了！亲切随和与自信从容并不矛盾，但是这位女士总是很容易在初次见面时就对人露出“示好”的笑容，这会让人感觉是不自信的表现。

所以，要想在亲切友好的同时表现出自信从容，不妨让你的笑容来得晚一点。这听起来并没有什么玄机，但只要你试过之后，就会发现你给人传达的信号是完全不同的。

### 2. 坦白晚一些

业务部负责人小李是一个性格温顺的人，但是他和别人谈业务时却常遇到挫折，用他自己的话来说就是：“不讲理的人怎么那么多？”

由于工作进展得不顺利，他决定离职，他负责的业务部只能让同事小王接替。

小王脾气火暴，大家原以为由他接替小李的工作，肯定会导致客户纷纷流失或者整个业务部火药味十足。

结果却是，客户变了——大部分客户和小王开展业务后，合作居然空前顺利；少部分人和小王发生矛盾后，会主动找小王和解，以积极的态度去调整和小王的合作方式。

小李和小王面对同样的业务、同样的客户、同样的公司，硬件条件上，并无强弱之分，为什么结果却完全不同呢？答案是，两个人的性格不同，导致沟通方式有着巨大的差异。

小李在沟通中很温和，常常会在刚接触客户的时候，进行自我袒露："我是一个很好说话的人，我不是非要赚您的钱，而是公司有规定，我也不能贸然为您降价，我会尽量为您争取优惠的价格。"

而小王的自我袒露往往晚一些。等到和客户确定合作方案，客户打算还价的时候，小王总是用敞亮的态度杜绝客户的"软磨硬泡"："我是个爽快人，价格上能让步我一定让，我又不傻，干吗有生意不做？所以您就不用再费心还价了。"

客户觉得确实没有降价空间了，自然不会在价格上继续纠缠。

我建议，自我袒露来得晚一些。其实当小李表现出自己是一个好说话的人时，等于是给了对方进攻的信心和勇气。对方知道不论怎么给小李施加压力，一个"好说话"的人一定是不会突然翻脸的，因此，肯定还有很大的讨价还价的空间。

另外，在小王和小李的两种自我袒露中，我们能从中感受到的是，小王斩钉截铁的态度不仅抵御了客户的进攻，还有一种不容置疑的力量感，这种力量感反而会坚定客户购买的决心，让彼此不再耗费精力进行价格上的博弈。

反之，小李的自我袒露，不仅缺少力量感，而且在某些客户听来显得不利己。这些话无论是否出自真心，都不符合某些客户对生意的认知，反而让客户觉得不够敞亮、华而不实，也更加助长了对方进攻的可能性。

### 3. 嘴巴慢一些

有很多人谈吐流利，但在生活中并没有因为自己的“反应迅速、口齿伶俐”占到便宜，反而常常陷入被动的情况。

小林就是如此。他在工作中与同事相处时通常有如下四种模式。

**情景一**

同事：“小林，你可以帮我打印一下材料吗？”

小林：“没问题。”

**情景二**

同事：“小林，你有时间吗？”

小林：“有时间。”

**情景三**

同事：“小林，我周末来个客户，需要你电脑里的一份文件。”

小林：“你直接用我的电脑吧，我周末从不加班。”

**情景四**

同事：“小林，你这次真帮了大忙。”

小林：“没事，对我来说，搞张票是小菜一碟。”

上述四种情景到底有什么问题？我们来逐一分析。

**情景一的解析**

小林的回复太快了。他忽略的是，快速的回应盖住了对方本来需要给出的解释。如果对方是一个没有边界感的人，就容易以此判断小林是个不怕麻烦的人，此后，他可能会用更多的麻烦来纠缠小林。

如果小林反馈得慢一点，对话有可能变成：

同事：“小林，你可以帮我打印一下材料吗？”

小林：“哦？”

同事：“因为我今天要临时去见个客户，所以需要你帮我打印一下明天开会的材料。对了，我想起来了，明天开会的时间定在下午，我明天上午自己来打印也来得及。……唉，还是我自己来吧。”

小林：“好的。”

**情景二的解析**

小林的问题同样是答应别人答应得太快，他错误地把别人的需求当作自己的需求，把自己的时间看得无足轻重，显得自己的价值感很低。

同样是接受别人的询问和请求，如果换一种方式，慢一点，对话可能变成：

同事：“小林，你有时间吗？”

小林：“你稍微等我一下，我这会儿手头还有点事情，十分钟之后我们再谈吧。”

在这样的回应中，小林并没有显得自己正在无所事事，而是充分尊重了自己的工作节奏。既展现了自己的高价值，也显示了自己的亲和。

我的一个朋友是知名企业家，有一次我们正在喝茶，一个客户打电话过来，他并没有不接电话，也没有中断与我的聊天去和客户沟通，而是在接电话后告诉对方："不好意思，我在忙，待会儿给您回过去。"

其实他并没有忙，他和我从容地又聊了三分钟后，给对方回电了。这样给客户的信息是，他是高价值的，他的时间不是随意就能给出的，但是他依然珍惜对方的来电，郑重地给对方回电，对方也感觉得到了充分的尊重。

**情景三的解析**

过度示好，有可能让一个原本有界限感的好同事，在小林的影响下逐渐变得缺乏界限感。而且小林为了消减对方的歉意，补充的那句"周末从不加班"，并非职场中被广泛接受的言论。

**情景四的解析**

谈话中，夸张和多余的语言也许能起到幽默的效果，但也有可能犯错误。小林的本意是让对方对自己的帮助不必挂怀，但是夸张的表达，会显得对方"无能"，而自己强大——"你搞不定的事儿，对我而言是小事一桩"。对于不了解小林的人而言，这种表达容易让人觉得他只是为了炫耀自己而帮忙。如果对话放慢一些，可能变为：

同事："小林，你这次真帮了大忙。"

小林："别客气。"

同事："你是怎么买到票的？"

小林："找朋友帮忙买的。"

同事："替我转达一下谢意。"

小林："好的。"

这样的回应看起来平平常常，却链接了三层意思。

第一，小林虽然话不多，却显得处处忠厚，并没有卖弄自己。因为自己的话不多，反而调动了对方的主动问询。

第二，小林的同事会感动，因为小林为了自己，动用了私人关系。

第三，小林见朋友的时候，可以对朋友表示出同事的感谢，这对于帮忙的人来说本身也是一种应得的美意。

综上，好酒需要酝酿发酵，与人说话同样也需要给别人空间。

两个陌生人接触，双方之间的礼貌和客气并不是毫无缘由的，而是在利用漫长的时间为彼此化解内心的忐忑、紧张、未知。当双方都在探索对方巨大的内心世界时，就犹如在漆黑的走廊里只能触摸到一面墙，另外一边是悬崖还是墙壁，谁也不知道。所以，彼此才会存有界限，会礼貌、客气、不冒犯，怀有敬畏之心。如果其中一方在本该慢慢酝酿的阶段，过于急切地袒露自己的好，会得到什么？

别人知道你是缺乏界限感的老好人，意味着对你的性格也不再需要探索就能了解，此时，你的好就成了背景。在这个背景下，你要更多地包容和理解别人，有可能别人冒犯了你，他也会觉得理所当然。

我们会发现，人们和亲人说话的时候毫不客气、彼此伤害，因为“我们是亲人”已经成了一个背景。而和朋友、同事之间相处，则要避免过早地袒露你的内心，要让沟通交流慢慢地发酵。让你的好成为别人真正需要的“好”；让你的好，能真正打动别人。

# 你的大脑会对事实进行加工

## 你的大脑会骗你

听交响乐时，外行观众在音乐厅不知道什么时候该鼓掌，一方面出于礼仪上对演奏家和指挥家的尊重，不敢随便鼓掌；另一方面，担心鼓掌的时机不对，害怕受到别人评判的目光，哪怕是来自陌生人的。

在社会中生存，极少有人完全不在意他人的目光，这也是人类得以生存下来的美德——人类在行事时，会以群体利益为重要考量依据。

同时，我们也看到，因为要维护彼此的关系，人与人之间常常会产生紧张、担忧、焦虑等情绪。如同抛球游戏，你说出的一句话就如同抛出一只球，你会紧紧盯住对方如何接球，即回应。如果对方友好地把球抛回来，游戏完满结束；如果你的球落在了地上，你就立即会感觉到“被拒绝”的滋味。

可是，在很多情况下，说话又不同于抛球游戏，当你抛出一个球，对方回应你的力度很大，你会做什么样的猜测：这球是故意击打自己，还是真的不小心用力过猛？

当你拿着一把锤子，看所有的东西都是钉子。我们对外界的反应往往取决于我们的内心做了什么样的假设。

心理学上有一个“ABC”理论，其中“A”代表某个事件，“C”代表我们的情绪。表面上，事件A导致了情绪C，比如，“这件事情让我感到很生气”，A指的是“这件事情”，C是产生的情绪，也就是生气。但不要忘了，“甲之砒霜，乙之蜜糖”，A与C之间，其实有一个桥梁，就是B。B是我们对于事件A的认知，它才是诱发情绪C的直接原因。

这就是为什么同样一个A，会有不同的C。

举个例子，领导找你谈话，他表情很凝重，跟你复盘刚结束的项目。

我们来看看，你可能会如何看待这件事。

如果你认为：“肯定是因为这次项目我搞砸了，领导要批评我，这会对我的职业影响特别大，我一切都完蛋了。”那么你有可能会产生自责、内疚、焦虑、抑郁的情绪，在复盘的过程中，也会不断地走神。

如果你认为：“领导就是在挑我的刺儿，他早就看我不顺眼了！”那么你就会产生愤怒、不满的情绪，可能会对领导的话不断地进行回击，最后不欢而散。

如果你认为：“领导只是在客观地分析事实，他愿意和我一起复盘这个项目，说明他还是挺重视我的。”那么，你将会积极地参与讨论，和领导一起总结出现的问题，并收获大量的经验。

可以看到，面对同一件事情，因为对这件事情的认知不同，你可能会出现完全不同的情绪反应。

## 确认对方的真实含义

一个高情商的说话高手，不会让自己停留在想象中，而一定会去确认。“确认”这个词听起来非常简单，但极少有人真正掌握这个技巧。

请大家感受如下对话。

**对话 1**

A：周末在家做什么了？

B：看了一天美剧。

A：你居然花了一天的时间追美剧？

B：你是觉得看一天英剧比看美剧高级？

**对话 2**

A：周末在家做什么了？

B：看了一天美剧。

A：你居然花了一天的时间追美剧？

B：是的，这是我的个人爱好。

**对话 3**

A：周末在家做什么了？

B：看了一天美剧。

A：你居然花了一天的时间追美剧？

B：你为什么这么说？

三段对话中，我们能够感受到不同的对话氛围，因为被提问者 B 对提问者 A 做了不同的假设。第一段对话，B 假设 A

对自己的爱好持有否定的态度，所以进行了反唇相讥。

第二段对话，B 的“回球”看似客观，但 B 内心是把自己放到了“被攻击”的位置，担心 A 给自己的评判，比如 A 认为自己居然把一整天的时间浪费在看美剧上，而不是运动、健身、读书等更积极的爱好上，所以 B 的回应像一个保护罩一样把自己罩住，自然也隔绝了再次与 A 的交流。

第三段对话，B 使用的是一个没有任何态度的问句。所以，第三段对话往往会有一个意想不到的结尾。这段对话可能是：

A：周末在家做什么了？

B：看了一天美剧。

A：你居然花了一天的时间追美剧？

B：你为什么这么说？

A：我每晚睡觉之前都刷美剧，但没想到还有比我更爱看美剧的人，你追的是哪部剧？

你的大脑会骗你，会对事实进行加工，所以我们要通过进一步的对话去确认事实。记住：任何想象都不一定是事实！

面对工作中的同一个情况，如果用两种不同的方式来进行沟通，同一处境，将得到不同的结论，也会得到不同的事业发展前景。

那么，当你再遇到类似的事件时，如何去确认对方真实的含义呢？除了不带情绪地提问之外，还可以用平和的态度，阐述客观的事实。

永远记住，沟通的目的不是发泄情绪，而是阐述事实。

**反面案例**

积压情绪，不用事实沟通，以情绪应对情绪。

A：老板，我要辞职。

B：为什么？

A：我觉得你根本就不信任我。（发泄情绪）

B：我安排你在这么重要的岗位上，而且还允许你在公司内跨部门沟通。你还觉得不信任你？

A：就算我误会了吧，但我依然要离职。

B：行，我给你签字，要走马上走！

**正面案例**

疏导情绪，以事实沟通，让对话有弹性空间。

A：老板，我想和你谈谈。

B：好的。

A：我观察了一下，我发现你很少要求其他同事每天写工作汇报，而我被要求尽量用数字呈现每天的工作汇报。我不知道这是为什么，我担心你对我的工作产生了不信任。（阐述事实）

B：哦，因为你的岗位的特殊性，你虽然不是领导岗，但是你手上的数据和我要求你汇报的内容能让我感知各部门谈判客户的活跃度。你如果觉得强度太大，可以把日报改成周报，但是工作细节还是要用数据呈现，可以吗？

A：好的，没问题。

将以上两个案例进行对比，我们就很容易领会不同的对话情绪能带来怎样的结果。

为什么现实中两个人在争吵时，总是容易越吵越激烈？正是因为双方都在对对方的话进行负面解读，然后进行攻击性的回应。而当我们以客观的事实去沟通，以平和的态度去提问，很可能会发现对方说的话并不像我们以为的那样充满恶意。

## 成为有分量的人，说出有分量的话

高情商的人都知道说和做永远是相辅相成的，同样的话，不同情商的人表达出来，分量绝对不同。

我认识一位陈女士，她家境贫困，中学毕业后就辍学了。她后来从事了销售行业，因为能吃苦，持续不断地拜访客户，积累了大量的客户资源，逐渐得到了领导的重视。

但想要在职业上快速进阶，只靠努力是不够的。

有一次，陈女士和领导一起参加饭局。饭局结束，送走客户之后，领导的脸色立即就变了。领导一路板着脸，却没有说明原因。她和领导坐同一趟车回公司，想问一下领导生气的原因，但领导冰冷的脸，让她明白了什么是拒人于千里之外。

她没有说什么。她想，有可能是自己在这次饭局中的表现有诸多不妥，她打算靠自己的观察和分析来总结问题。

她用整晚复盘了饭局的全过程，从开始以为自己并没有犯错误，到慢慢意识到虽然没有犯错，那也不意味着做对了，再到最后总结出自己很多细节上的不妥当。她发现，自己身上还是有贫穷时期所留下的习惯，比如，只是一味地吃饭，好几次都是领导提到她的名字，她才如梦初醒。

自此，陈女士开始认真观察别人平时待人接物上的表现，她终于慢慢地改掉了自己身上的那些不好的习惯。

渐渐地，她也能在和客户约饭的时候，从容地聊天，点一杯橙汁，把食物切成小块再食用了。

终于，对陈女士来说，机会来了，她又要和领导一起出去见重要客户。负责该客户的同事已经准备了厚厚一沓公司产品的介绍资料，但是没有想到，客户当场问了一句："我就想知道你们和同行相比的优势在哪里，有没有最新的数据？"

当场所有人都蒙了，陈女士大大方方地问领导："您看，要不我来介绍一下？"领导马上点头同意。

陈女士从数据分析讲到行业动态，讲到与同行相比的竞争优势，讲到未来的发展趋势，侃侃而谈，当场折服了所有人。

领导对陈女士投来了赞赏的目光，陈女士知道，这一次，她用行动让领导看到了自己巨大的进步和成长。

每个人的生命不仅有高光时刻，一定还会有重要的失败时刻。在失败中如何进行总结和表达？最重要的，是深刻地理解失败。当你读懂了失败，才能避免失败。

被排斥，被拒绝，被看轻，是任何人在生活中都有可能面对的情况。如果一味地陷入这种负面情绪，不进行改进，或者自怨自艾、自我否定，那就真的只能浪费了这次机会，被人永远地看轻了。

当你被否定，那就找到原因，进行自我优化，让自己未来有机会去说出震撼全场的话。

无论谁都要明白，高情商的人不但要会说话，也要会办事，只有成功者的泪水才动人。如果遇到一点委屈就退缩，不能从委屈中找出滋养未来的养分，就必然说不出有分量的话，也难以成为有分量的人。

## 掌控冲突：如何处理矛盾与冲突

人与人之间难免会出现各种矛盾，有些是利益相关的，有些是价值观层面的。无论是哪种情况，出现矛盾和冲突的时候，都需要表达出来。尤其是在某些特殊时刻，我们必须有勇气去驾驭矛盾和冲突，一味地躲避与忍耐是无法解决问题的。

很多年前，我有一位同事，他人品很好，只是性格内向，在面对客户刁难的时候，总是产生畏难的情绪。

那时，有人来找他麻烦，我常常会帮助他去周旋和沟通。当时，我不知道这么做对他来说并没有好处。

有一次我出差了，据说在办公室爆发了一场很大的争执。客户上门找到这位同事，谈关于费用的问题，不依不饶地指责他并没有事先告知。

一般遇到类似的情况，我们会采取倾听、平复怒气、复盘场景、追查责任等解决问题的方式，可是这位同事缺乏良好的沟通能力，面对咄咄逼人的客户，令人意外的情况发生了：他一开始躲躲闪闪，但由于其他人都没有站出来为他说话，他只能壮起胆子，把自己想说的话全说了出来。虽然他表达得磕磕绊绊、词不达意，但还是对客户起到了震慑的作用。

他说："那天谈这个事的时候，你们让我喝了多少酒，你们都忘了吗？我一点也不记得我承诺过什么，我只知道，我当时想，如果你们自己家的小孩到社会上来工作，你们愿意让他喝那么多，喝得不省人事吗？……"

他连喊带说地表达了自己的不满，据说当时不但客户没有招架之力，连周围的人都觉得不能让老实人吃亏，纷纷地开始帮这个同事。

这件事情改变了他，也改变了我对事情的看法。那一次我明白了，哪怕是在自己毫无应对能力的情况下，哪怕对方再巧言善辩，也不能任由自己低到尘埃里，忍气吞声，不去还击和反抗。

这就是我们在矛盾和冲突当前，唯一正确的态度：迎着子弹走，让子弹落在身后。

矛盾有时候不仅爆发在陌生人之间，还会发生在熟悉的关系中。

在任何关系里，由于情绪积压，将该说的话藏在心底，都是一种伤害。因为我们没有通过沟通去理解彼此情绪背后的需求，情绪只是被压抑了，而永远不会被化解。

遇到矛盾时，沉默和忍耐不如主动去聊，用沟通去解决，这才是对关系的保护。

在这个过程中，要注意以下三大技巧。

第一，用倾听尊重双方表达的权利。

我见过很多能言善辩的人，但都不是可爱的人。他们每次都赢，赢了之后，所过之处，背后皆是一堵墙。他们赢得了利益，却没有赢得别人的欣赏。

在利益发生冲突的时候，我们不但要表现得善于倾听，而且要真的去倾听别人内心的声音，表现出对对方足够的尊重。

第二，敢于直面矛盾和分歧，用提问让对方说“不”。

我经历过一次很艰难的谈话。那时，我和自己最好的工作伙伴，对未来的工作发展方向产生了严重的分歧。

经过漫长的讨论之后，我有一个有意思的发现，那就是君子和君子之争，谈话的难度甚至要高过君子和小人之间。

我们进行了两次讨论，似乎每一次都没有进入谈话的核心。

第三次约他见面的时候，我终于知道该怎么谈论“在房间里的大象”了。我对他说：“你觉得咱俩照现在的情况合作下去，项目的进展会自动变化吗？”

这个提问终于让我这位对老庄思想手不释卷的合作伙伴有了情绪。

他说：“当然不能。我认为照这个情况发展下去，不但一个星期之后没有进展，甚至我敢说在一个月后，我们俩不但会失去合作的机会，而且可能发展得还不如现在。”

我说：“那怎么办？”

他说：“我不同意你的方案，我说一下我的理由，你也说一下你到底是怎么想的。”

我们谈了很久，将中间种种的矛盾和分歧一条条地列出来，即使存在利益冲突的部分，我们也毫不回避。在谈话过程中，我们发现这些矛盾和分歧并不是无法调和的，我们也愿意重新探讨更加合理的解决方法。

这一次沟通也让我明白了一点：再大、再复杂的问题，只要能沟通，就有机会解决。

第三，洞察对方情绪背后的真实需求，找到他真正在乎的是什么。

不要被矛盾的表象所迷惑，而要去矛盾的背后寻找真实的答案。尤其是当别人与你争论具体问题的时候，如果你能厘清问题的底层逻辑，针对矛盾产生的根源来思考和回应，就能高效地解决问题。

有人曾经找我诉苦：他在创业期，非常艰苦，与此同时，他的生活也出现了问题。因为他经常晚归，他的妻子感到非常不安，两个人经常为此针锋相对。他害怕自己在情绪失控的时候说出“离婚”两个字。他知道，这两个字一说出口，对于亲密关系来说就是不可挽回的灾难。

在焦灼无助的时候，他向我请教方法。我并没有提供给他沟通上的技巧，而是给了他一个重新安排生活的建议。也就是说，解决这个问题的方法，不是如何跟妻子去理论，而是应该找准问题的核心，用深层思考来回避正面冲突。

夫妻关系上不讲对错，只讲感情。按理说，妻子当然应该理解先生创业的辛苦，但是每晚都不能在一起吃晚饭，失去了陪伴，妻子也有足够的理由去抱怨和发脾气。

果然有一次，他的妻子大喊：“这样的日子，我不想过下去了！”他脱口而出的并不是“那就离婚”，而是“这段时间你搬回娘家住一段日子吧！”

妻子愕然。接下来他做了最完美的沟通：“我知道我这段时间忙碌，不能陪伴你，让你很难过。但是创业初期，我确实需要大量的时间投入工作中，很难顾及你的感受。所以，你先回娘家，陪一下老人，也尽一下孝心，等你想回家时，我会马上去接你。”

妻子非常感动。她并没有离开，而是耐心地帮助他度过了整个艰苦的创业期。

在这件事情上，矛盾的表层是丈夫创业时期不能按时回家；而当我们深入去看后，就会发现矛盾的核心是妻子没有安全感。因此，我们的大脑在对这个问题进行分析时，要透过表层，去洞察妻子情绪背后的真实需求。

当满足了妻子对于安全感的需求后，即使丈夫还是无法按时回家，夫妻之间的感情也并没有受损。

所以，面对同样的问题，视角不同，沟通方式不同，结果就完全不一样。

再举一个例子。

小丁与董事长助理小陈平时存在一些私人冲突。董事长出国前，布置了一项工作任务，让小丁负责给客户分发宣传材料。两天后，小丁发现并没有客户来索要资料，而且他联系客户的时候，客户的反应也不积极。

客户资源是小陈进行管理的，小丁知道，是小陈在背后捣鬼。

于是，小丁在与小陈开会时如实反馈了情况，并淡淡地补了一句："董事长出国前，交代的最重要的任务就是公司资料的发放和新制度的宣传，但是现在客户这么不配合，一周后，如果董事长回来发现事情没有进展，一定会大发雷霆。"

轻描淡写的几句话，小陈心领神会。

到了第三天，所有问题都迎刃而解。因为小丁明白，努力弥补自己和小陈的关系是徒劳的，将私人关系和工作关系混淆不清的小陈，不会真的配合自己。而找到小陈最在乎的人和事，提醒他不配合工作的严重后果，则是解决矛盾最快和最根本的方法。

# 倾听自己和他人，捕获最真实的信息

很多人在与别人对话的时候，之所以会起矛盾、冲突、分歧，本质上不是因为误解别人，而是因为没有真正地倾听自己、理解自己。

山本耀司说：“自己这个东西是看不见的，撞上一些别的什么，反弹回来，才会了解自己。”

一个人要学会在潜意识里监督自己说话，从话里看出自己的态度，找出引起自己和对方矛盾的真正原因。

## 倾听自己，读懂自己的态度

在几乎同样的场景与压力下，如果两个人本身的状态不一样，就会说出不一样的话。

**场景 1**

你开了一整天会，却劳而无功……下班后，你上了地铁，有人踩了你的脚，并没有道歉。你瞬间情绪爆发，向对方喊道："你怎么这么没有礼貌和教养！"

接着，你们发生了严重的冲突！

**场景 2**

你早上起床晚了，但你睡得很好，如果能赶上公交车，还可以不迟到。你刚从家里走到公交车站，你要坐的公交车就来了，你一上车，就有座位。这时候，有人踩了你的脚，并没有道歉。你幽默地说："刚才没有把你的脚硌疼吧？"

同样的事情，你的处理方式完全不同，这意味着人们说话有很强的随机性，对他人的态度也和自己的状态有关。一个人想要有良好的说话态度，就要尽可能让自己保持无压力的内心状态。

另外，面对同一个人，如果你的阅历和经验不同，你也会以截然不同的态度来对待他。

你有一个老同学，他为人功利，时常讨好他人，每次聚会时，总是在气氛最热烈的时候游说大家去买他推荐的保险。以前每到这时，你就皱起眉头，对他毫不客气地说：“你能不能做个有尊严的生意人，连老同学聚会都被你发展成保险学习会，没发现我们都烦你了吗？”

你的一个客户，他有一个儿子在上高中，物理成绩并不太好。你费尽心思，想到了你的一位老同学，他是一所高中的物理老师，刚好可以请他帮忙给客户的孩子做家教。这位老同学教学经验丰富、专业能力极强，可以帮你维护好客户关系。为了促成这件事，你找到老同学，却没想到遭到了老同学的批评：“我不知道你怎么想的，我把你当好朋友，你呢？没想到你这么久不联系我，一开口就是找我去做家教。我们在职的学校老师是不能这么做的，你根本不懂教育。”你红着脸，还是继续争取：“真对不起，我的确完全不懂，但我觉得，你就当这个孩子不是我客户的孩子，而是一个普通的学生，不行吗？我知道老同学你一直对教育怀着热情和理想，你帮助指点一下可以吗？”在你高超的话术之下，老同学答应看看这个孩子的试卷，并给予一定的指导。

周末，你又参加了卖保险的老同学组织的饭局。他一脸油汗地跑来跑去，为同学们服务。因为要趁着别人吃饭的时候，介绍他的保险，他自己连饭都顾不上吃一口。

这次，当他走到你身边的时候，你还会批评他吗？你突然明白了，每个人都不容易。

所以，当我们对别人说话的时候，常常要思考自己为什么说出这样的话，多去觉察自己的状态。聊天的技巧很多，但一定有一类高手，是擅长倾听的。他的倾听并不是敷衍地听，而是能够觉知自己的情绪，尽量用客观的态度去倾听别人，并站在对方的立场来考虑问题。

如果你觉得自己不善言辞，没有关系，因为聊天最重要的不是嘴巴，而是耳朵和心灵。没有什么技巧比通过倾听去考虑他人的立场更让人喜欢了。

## 善于倾听，捕获真实信息

擅长倾听，不但能够体会别人的感受，还会因为这种良好的情绪管理，获得意想不到的信息。

业务员小王的业绩非常好，很多人对此并不理解，因为小王不但不善言谈，而且他天生口吃——这对业务员来说简直是致命的缺陷。

那么，小王是靠什么来提高业绩的呢？答案是，他极其擅长维护客户关系。而维护客户关系的一个法宝，就是善于倾听。

小王的工作是将创意园的办公区进行出租，可是这个创意园所在的地方很偏僻，除了影视工作室愿意租下来剪辑电影，很少有其他公司对这里感兴趣。

小王的一位客户来这个创意园考察过几次，小王每次都很有耐心，但是没有降价。最后一次，客户和小王只聊了几句，就当场拍板租下了这里。

客户说："今天是周末，我都没有陪孩子。我已经是第四次来你这里，你为什么就是不降价？"

小王边给客户倒水，边简单回应："哥，我说了不算。"

客户开始抱怨起来，地理位置如何不好，性价比如何低。

小王并没有生气，反而点点头："哥，你说的都对，都是实情。"

没想到这一句肯定，让小王的客户完全乱了阵脚，居然在潜意识里把小王当成了自己人，还说了一句最不该说的话。几乎在这句话落地的同时，客户就想骑着马把它追回来，但已经来不及了。因为这句话分量太重，如同用力敲打架子鼓，鼓声已经准确无误地传到了小王的耳朵里。

客户说："如果不是我有几个影视行业的大客户在这里，我才不会租这里的房子。"

小王听到这句话，并没有表现出欣喜若狂，反而像早已洞察了一切似的说："在大城市做生意，确实得考虑交通。"

就这样，话音落地，客户当场交了定金。

在这个案例中，小王聊天的能力看起来很平常，甚至不善言辞，但难能可贵的是，他在商业博弈中，并没有被对方干扰，也没有被"想要成交"的急切心态干扰。

他很清楚自己手上的产品并不够好，那么，明眼人一看就会放弃的选择，为什么有人会追？这其中一定有原因。

在把原因搞清楚之前，小王没有轻举妄动，而是以静制动。对方烦躁的时候，他不烦躁；对方失言的时候，他给对方台阶，以若无其事的态度替对方挽救了面子。

但凡聊天高手，靠的绝对不是能说会道。就像小王一样，他靠耐心的倾听、冷静的分析、不紧不慢的应答，赢得了客户。在这些能力面前，即使口吃又算得了什么呢？

# 02

第二章

## 对话策略：轻松赢得谈判，达成说服

# 如何提高说话内容的可信度

人们日常聊天时，常常都是从无意义的搭讪开始的，但是随着信息的交换，人与人之间一定会产生好奇，渴望进一步了解。

此时，人们开始想确认眼前的人：

你是什么背景？

你是怎么做事的？

你是怎么做人的？

在确认类似的信息时，你会发现：证明你是谁，比你说你是谁更重要。

## 用事实、画面、故事去证明

你告诉对方："我是一个很认真的人，而且我善于精进自己。”对方听了之后，无从判断你给出的信息是否真实。他很有可能得出的结论是：这是一个喜欢自我标榜的人。

但如果你告诉对方：“我在上大学的时候，每年至少看一百本书。那时，因为我总能发现书里的错别字，我就想办法联络作者进行反馈。作者们都很谦虚，也都很感谢我的反馈。受到鼓励之后，我又开始研究书里是否有逻辑漏洞，开始向作者反馈一本书的结构性问题。因此，我认识了好几位作家朋友。”

当你用具有强烈的画面感和故事感的语言去证明你自己的时候，你说的话才能让对方信服，让他知道你是谁，你如何做人做事！

正如让阿里巴巴引以为傲的“马先生”的故事。

在1995年杭州某电视台的路人测试节目中，电视台找来五六个大汉在马路上撬窨井盖，测试是否有路人制止。结果，那天晚上经过的行人都视若无睹，直到一位姓马的杭州市民出现。

杭州市民马先生骑着自行车路过时，看到几个人在抬窨井盖，似乎是要偷去卖。马先生身单力薄，一开始并没有去阻止，但是他想到井盖没了，可能会有小孩掉下去，于是就在这条路上来回折返。后来，他在没找到人帮忙的情况下，还是勇敢地跑到这群人面前，一脚踩在单车脚踏板上，一脚踩在地上，做好万一打不过就逃跑的准备，他喊道："你给我抬回去！"

这位杭州市民，就是马云，是录节目那天唯一一个通过测试的路人。

这个故事并没有标榜马云的价值观和为人，而是让你相信，一个在社会上能够仗义执言、关心孩子、坚持原则的人，他会是坏人吗？他的公司会做坏事吗？当然不可能。

所以，用事实证明，比说出来会更有力量。

## 让别人证明你是谁

接下来，我还要告诉大家一个秘密——让别人证明你是谁，比你自己来证明你是谁更加有说服力。

企业家常常会讲自己曾经落魄的故事，以此衬托自己成功后的高大。这样的故事我们听太多了，它往往存在固定的模式：一是最亲近的人不理解自己；二是穷困潦倒，衣服的口袋比脸都干净；三是亲人离开自己不在身边；等等。

这些故事感人吗？能证明当时的艰苦吗？当然可以。

但它已经变成了老生常谈，套用这个模式去描摹自己的坎坷人生，难免显得俗套，境界不高。

当然，还是会有些不落窠臼的故事，生动而有趣。如下面的故事主人公借别人之口，证明了自己，又给听者留下了难以磨灭的印象。

> 第一次创业失败后的落魄时期，我欠了很多债。有一次，讨债的人找到了我的住处，要把我家里的东西都搬走，我说搬东西可以，能不能把我床头的箱子留下来。对方当然说不可以，他冲过去，粗暴地打开了箱子，之后就愣住了——他看到了一整箱书！有老子的《道德经》，有西方的管理学书籍，甚至还有我厚厚的笔记。
>
> 随后，他并没有搬走我的任何东西，他说："你将来肯定能行，记得还钱！"

这个故事有曲折的情节，有人物互动，在极富戏剧性的场景中建立了自己的伟岸形象：连一个粗鲁的追债人都能被自己的精进打动！

《战国策·齐策》有一篇《冯谖客孟尝君》，其中有一段：

长驱到齐，晨而求见。孟尝君怪其疾也，衣冠而见之，曰："责毕收乎？来何疾也！"曰："收毕矣。""以何市而反？"冯谖曰："君云'视吾家所寡有者'。臣窃计，君宫中积珍宝，狗马实外厩，美人充下陈。君家所寡有者，以义耳！窃以为君市义。"孟尝君曰："市义奈何？"曰："今君有区区之薛，不拊爱子其民，因而贾利之。臣窃矫君命，以责赐诸民，因烧其券，民称万岁。乃臣所以为君市义也。"孟尝君不悦，曰："诺，先生休矣！"

这个故事的大意是冯谖帮孟尝君去薛地收债。事情办完后，他马不停蹄地赶着车直奔齐都，清晨就求见孟尝君。冯谖回来得这么早，孟尝君感到很奇怪，立即穿戴好去见他，问道："债都收完了吗？怎么回来得这么快？"

冯谖说："都收了。"

"买什么回来了？"孟尝君问。

冯谖回答道："您曾说'看我家缺什么'，我私下考虑您家中积满珍珠宝贝，外面马房多的是猎狗、骏马，后庭多的是美女，您家里所缺的只不过是'仁义'罢了，所以我用债款为您买了'仁义'。"

孟尝君便问买“仁义”是怎么回事。

冯谖道：“现在您不过有块小小的薛邑作为封地，如果不抚爱百姓，视民如子，而用商贾之道向人民图利，这怎么行？我擅自假造您的命令，把债款赏赐给百姓，顺便烧掉了契据，以至百姓欢呼‘万岁’。这就是我用来为您买仁义的方式啊。”

孟尝君听后虽然很不快，但还是说：“嗯，先生，算了吧。”

这段话里，大家可以看到冯谖高超的聊天技巧，就是用百姓们的反应来遏制孟尝君的不快。

如果这个案例大家觉得离自己的生活有点遥远，再看如下案例。

小张负责为公司组织一项公益活动，就是给一家工厂的工人赠送他们的文化产品。本来期待着引起媒体的关注和报道，可是不巧，这个活动在后续宣传时，被当时发生的一件更大的新闻抢占了热度，于是小张公司策划的这项活动的传播效果远远不如预期。

这件“失败”的事情，如何向老板汇报呢？

小张采用的就是冯谖的表达方法。他在汇报中，并没有写数据和过程，而是简要汇报了活动进展，向领导介绍了三方的情况：

“首先，工人们说非常感动，他们虽然是流水线工人，但并不是‘螺丝钉’，他们也渴望了解这个时代在发生什么。第一次有人用这么明确的行为关注到了他们的需求。其次，厂家非常感动，说要考虑为工人们订购我司的文化产品。最后，媒体朋友们说这是有社会责任感的企业才会做的事情，从中国制造到中国创造，靠的就是文化的力量。”

出人意料的事情发生了，这项暂时看起来并没有实现巨大收益的事情得到了老板的高度关注，老板不仅没有针对传播度对小张问责，还批准类似的活动可以继续进行，并且特批了经费。

这就证明了人性依然在当下发挥了重要的作用。因此，聊天的时候，与其自己大声吆喝千百遍，不如借其他人的反应来证明这件事情的价值。

# 建立“对话者档案”

先来看三则闲聊的案例。

**案例一**

甲乙丙三人正在排队付款。

甲的手里拿着一张提货卡，购物车中装满了各种商品。

丙和乙排队等待，丙看到乙手中只有少量的商品，就对乙说：“看来我们还要等很长时间，因为甲用提货卡购物，买的东西太多了。我最烦用提货卡付款的人了，因为他的提货卡肯定是别人送的……”

轮到乙付款了，丙看到乙从包里取出了一张提货卡。

**案例二**

甲去拜访客户乙。

乙说："你认识名校的物理老师吗？"

甲说："您真是好妈妈，工作这么忙还关心孩子的学习。"

乙说："我还没结婚，是给领导帮忙问问。"

**案例三**

甲乙丙三人初次认识。

甲说："今天的发布会办得不错。"

乙说："除了那个莫名其妙的沙画展示。"

丙说："我就是做沙画展示的人。"

案例一中，丙以为乙和自己的处境相同，本意是拉近距离，却没想到把乙推到了自己的对立面。

案例二中，对于女性来说，甲的恭维远离事实，不仅不友好，还是一种冒犯。

案例三中，乙本来可能只是随口一说，却刚好对丙造成了攻击。

以上的共性，都是伤害别人的人本意并非如此。往往是因为对对方不了解，想套近乎却用错了方法，反而造成了冷场。

这个问题的根源，在于没有建立对话者档案，也就是没有对聊天对象的背景进行了解。

记住，聊天的第一步是礼貌和尊重，而不是抖机灵。

你的话题可以零散、无动机，但还是应该有意识地为建立档案做准备，否则你的聊天一定会越聊越窄，如履薄冰。

好的聊天是什么？是尊重对方的同时来表达自己，如果你能对对方在乎的事情产生好奇，你就很容易找到对方感兴趣的话题，聊天也就能愉快地进行下去。

在我从事记者工作的最初几年，我工作很努力，面对任何企业家都会做充足的准备，预先设计很多问题，而且这些问题至今仍然适用，比如：如何把握市场机会，企业生长的原动力是什么，增长客户的策略是什么，当下的挑战是什么，如何配备人才，如何实现规模生长。

不过，我起初并不是一个会聊天的人，也并不重视聊天的作用，反而认为聊天会削减自己的专业度。

直到有一次，我要专访一位知名的企业家。没有正式采访之前，他随口问了我一句认不认识 ×× 企业的创始人李先生，我回答认识。

他说："李先生在最好的时候退出了商界。"

我说："是的，但是我觉得李先生有经营生命的智慧。他的企业固然到了最好的时候，但是他的身体情况已经到了不允许再拼下去的程度了。"

虽然只是寥寥数语，但这和当时主流的说法并不同。很多人当时对这位李先生的退出并不持肯定态度，反而认为他缺乏商业眼光。

这几句聊天对我的影响是，我赢得了这位企业家的信任。聊天中最忌讳的是评判，而他看到我在谈李先生的时候，我在事物的两面性中多留意了好的一面，所以他面对我时也放松了下来。

我也不知道当时为什么会那么说，也许因为我在采访之前已经整理好了对话者档案。我了解到我要采访的这位企业家兢兢业业的工作态度——不是在开会，就是在去往开会的路上。重要的是，在他的一段经历中，也有近三年的"退出期"，也曾被一些商业评论人士认为缺乏敏锐的商业眼光。

如果仅仅以商业上的成功来评价一位企业家，显然是不公平的，也是不客观的。企业家并不是要永远成功，而是要用一种企业家精神来对自己的人生进行取舍。

这些都是我在建立对话者档案的时候进行的深度思考，而这些思考，影响了第二天的聊天，让我的工作变得异常顺利。

建立对话者档案并没有统一的套路，每一个人都可以有自己的方式。一个保险推销员肯定要大致判断一下客户的个人收入和家庭收入及支出情况；而当一个记者面对一个企业家时，更多的是要了解对方的企业文化、个人经历等情况。每个人都可以根据自己的需求提前做好准备。

如果没有明确的目标，只是初次认识，那么要记住，在聊天的时候尽量根据对方传达的信息整理出对方的基本情况，如工作、职位、配偶、子女、家庭收入、社会关系等。

了解这些是为了更好地进行双向沟通，至少可以避免尴尬和冷场，并且促进彼此的接触。比如，当你从一些模糊的信息中判断出对方并没有稳定的家庭时，短期内你应该回避和家庭相关的话题。

建立对话者档案之后，还要得体地表达善意，为对方开解。

你的表达不能捉襟见肘，要刚好戳中对方。

网上曾经有一个段子，是1994年版电视剧《三国演义》中关于“桃园三结义”的对话。

关羽：关某虽一介武夫，亦颇知忠义二字，正所谓择木之禽得其良木，择主之臣得遇明主，关某平生之愿足矣。从今往后，关某之命即是刘兄之命，关某之躯即为刘兄之躯，但凭驱使，绝无二心！

刘备感动得是涕泪横流。

张飞在一旁听也听不懂，说也不会说，只憋出一句：俺也一样！

关羽随后补充：关某誓与兄患难与共，终身相伴，生死相随！

张飞：俺也一样！

关羽继续：有违此言，天人共戮之！

张飞：俺也一样！

这部剧之所以成为经典，就在于每一个演员都像是“本色出演”一般，每一句台词都生动地展示了人物的性格。张飞的“俺也一样”，还原了张飞作为武将不善表达的特点。

但是在高度发达的互联网时代，我们得承认，赚钱也好，建功立业也好，都是一场“智力游戏”。在这场智力游戏中，表达也是我们展示自我实力的一种方式。

好的表达能够让一件平凡的事物更动人。比如，划火柴这个动作，是非常简单的，如果是我们表达，可能仅仅是简单地说一句“划亮了一根火柴，火柴燃烧了，慢慢地灭了”。而在极其擅长文字表达的作家张爱玲的笔下，却是“黑暗中她划燃了一根火柴，那橙红色的三角小旗缓缓地摇荡在它自己的风里，慢慢地它燃尽了自己和旗杆归于寂灭”。能够将一个平凡事物的形态和美感形容到极致，这就是语言的魅力。

当我们形容一件事物的时候，可以用丰富的语言来诠释。比如，当别人谦虚地说自己对事业没抱太大的志向时，你不妨引用哲人先贤的经典来回应，“饭疏食饮水，曲肱而枕之”，对方自然会认为你不只是懂他的表面，还能理解他内心的选择。

最后我要补充的是，对话者档案并不是见面之前一次就可以完成的。

见面之后，还要再次梳理，为下一次对话做准备。比如，你留意到对方使用某个品牌的产品，可以记录下来。如果需要送对方礼物，完全可以从对话者档案中去寻找信息。

尤其对于女士而言，渴望被关注和认同是共性。

小张初见一位女创业者时，这位女士不苟言笑，严肃到不近人情。那次，小张记住了她当时的发型。

第二次见面的时候，小张说：“您的新发型很适合您。”对方特别高兴，态度也立马缓和多了，说：“我周围好几个人都没有发现我换了发型，你眼力真不错。”

小张简简单单的一句话就打开了局面，因为他让对方感觉到自己被重视，被欣赏。

如果不是小张有建立对话者档案的习惯，在匆忙的生活中，又有多少人能记得对方的发型呢？

# 掌控对方的期待和感受

## 聊天可以从“不愉快”开始

我曾经看过一个故事。

在国外，有一个劫匪和警察谈判，劫匪提出了自己的条件——要求警察给自己送咖啡。后来，劫匪喝完咖啡，非常戏剧性的一幕出现了：劫匪投降了。

这其中发生了什么故事，和我们说的掌控聊天又有什么关联呢？

劫匪说：“当我喝到的是一杯冰咖啡的时候，我就知道了我要求的其他条件，警察不可能再给我了。我知道警察不可能退让了，我不得不降低期待，尽快投降。”

将这种谈判策略用在聊天中，就叫作“管理期待”。警察给的冰咖啡让劫匪的期待降低了，他便不会再提出过分的要求了。

期待管理中，有一个很重要的方法：愉快的对话要从“不愉快”开始，对方才会感觉自己赢了。

可是很多人总忍不住想在第一次谈话中表现得非常热情、活跃、主动。这样，不仅会令对方失去进一步探索你内心世界的欲望，而且如果你后来表现得不像当初那么热情，还有可能让对方愈加失望。所以，我们在聊天中应该善于管理期待，敢于在你自己还恋恋不舍的时候说再见。

人与人之间，要切忌交浅言深。聊天是推进关系的重要手段，但很多时候，我们没有必要一次聊个够；很多关系，也并不是一次聊天就能确定的。

## 管理期待的重要原则：别轻易承诺

我们在和别人谈事情的时候，也要注意管理好对方对你的期待，维护好自己在对方心中的形象。

多年前，我和一位在北京工作的同学一起拜访老师。老师当时喝了点酒，说起我们这一届学生遍布祖国各地，感到很欣慰。

同学听了老师的话非常开心，给老师敬酒的时候，当场表态："老师，将来您来北京，有什么事包在我身上。"老师听了这句话，点了点头。

当时我刚放下在大家口中"又体面又有前途"的工作，孤身一人来到北京，所以当同学表态的时候，我想了想，没有跟他一样表态。

当晚，老师也并没有放在心上。

谢师宴结束，我和这位同学同路回家。他在车上问我："老师对在北京的学生非常看好，你怎么不表个态？"

我半开玩笑地说："我不敢承诺，万一老师说'帮我在北京的高校找个教职工作'，那我可办不了。"

不料半年后，老师的一位亲友患病，需要在北京治疗。老师给我和那位同学都打了电话。当时那位同学有紧急项目忙得焦头烂额，于是，就把联络专家、办理住院、安置住宿等事情交给了我。

我带老师的这位亲友联系到了肿瘤专家，并安排住院，前前后后花了近一个月的时间。

后来再见老师的时候，那位同学好几次都托故没来。

所以，聊天中不要为了一时让对方开心，就给对方超高的期待，以免后来无法兑现而产生落差，令自己陷入被动的境地。

有时候，我们也不要对自己的能力太过自信。我见过许多人一时兴起轻易许诺，但后来往往实现不了。虽然他们并不是有意失信于人，但难免给人留下言而无信的印象。

## 考虑对方的处境

管理对方的期待，还意味着说话和做事情之前，一定要“穿上对方的鞋，走一段路”，也就是站在对方的立场上思考对方的处境，这样聊天往往会达到出乎意料的效果。

请你想象一个场景：有一天，你刚忙完手上的工作，就接到老友的来电，言辞恳切地让你一定要帮他一个忙……

这时你有怎样的感受？是不是瞬间紧张起来？

为什么你会这样呢？因为大部分人在求助的时候，由于害怕对方拒绝，都会强调“你一定要帮我”“没有你，这件事情我肯定做不到”。而越这样逼迫你，出于压迫感，你反而越不愿意答应。

我们在与人聊天时，一定要不断地设想对方的感受。在求助时，要考虑到别人的难处，要让对方觉得答应也好、拒绝也罢，他都是自由的。

有一次，我接到一个朋友的电话，大意是他表妹大学刚毕业，问我是否能帮忙介绍工作。

了解了对方的专业、期待的薪资等信息后，我直言不讳地告诉他，根据我的了解，他表妹的毕业院校不占招聘优势，而且由于在此前没有相关的实习经验，想达到期待的薪酬有很大的困难。

没想到，朋友听完立即决定他来负责表妹的生活费，暂时不要工资，只想能在好的平台得到有前途的工作机会。

我考虑许久，打算找一位昔日的同事小李帮忙。小李刚入行时经验不足，很多工作问题都会请教我，所以我们以“师徒”相称。后来他跳槽离开，在新的公司实现了三级跳的晋升。

我联系到他后说道：“小李，我有件事麻烦你。”

小李马上说：“您说吧，只要我能做到的，都没问题。”小李的这句话很高明，既展现出他的热情，实际上又给我的期待划定了范围——“只要我能做到的”。保护了他自己，实际上就是保护了我和他之间的关系。

我说：“我有个朋友的妹妹，需要找工作。”

小李回复了一声："哦……"

这个声音略有迟疑，我猜想小李在内心组织的语言有可能是这样的："我来这家公司不久，升职速度很快，作为一个部门的领导，我觉得岗位安排还是要谨慎为好，毕竟我也得考虑其他人的想法……"

没等他回答，我就说："所以我想请您帮忙留意一下，你们公司或者是同类型的大公司，是否有招聘应届毕业生的信息。如果有类似的信息，我直接让朋友的妹妹投简历。之所以先来问你，主要是信任你的推荐。另外，朋友的妹妹在试用期是不要求企业付薪酬的。"

小李接收到以上的信息，马上恢复了热情，不但问起朋友妹妹的具体情况，还把他所在的公司和行业前三的公司在招聘时对应届毕业生的要求做了关键的介绍。

我没有打断他，耐心地听完他的介绍，并真诚地赞叹他对业态果然非常了解。

大概聊了十分钟，小李说他回公司沟通一下，如无意外，朋友的妹妹可以先到他的部门工作，虽然试用期的工资不会太高，但也会正常支付。

这件事情之所以能够圆满解决，关键就在于每个人的期待都得到了合理的调整。朋友对我如此，我对小李来说也是如此。

尤其我和小李之间，彼此没有任何套路。我理解他可能存在的难处，也没有因为此前对他的帮助就滥用他的回报。我从一个小的需求开始提，体现了对他的尊重，也给了他足够的空间，让他自己选择帮我到什么程度。

## 提问技巧：消除对立感

提问往往很难给对方带来愉悦的感受，因为当一个人听到你的问题时，他就已经开始调用左脑了。左脑通常被称为“理性脑”，是控制逻辑思维的，主导我们理性的一面。

当对方启动理性思维的时候，放松的感觉就开始一点点远离他，与此同时，他会启动对你的审视和判断。

因此，在聊天时，如果你想要问对方一些问题，要记住一条重要的原则：消除双方的对立感。

有一位礼仪专家曾经这样误导别人，她认为直接问对方的收入，判断对方的财力是很不礼貌的，正确的方法是通过提问来套取想要的答案，比如问对方：“今天你是怎么到这里的？是开车还是搭地铁？你花了多长时间过来？”

在这个三连问中，我们看到这几个问题已经进行了文字上的包装，但是这个方式也仅仅比“你是否有钱买得起私家车”高明一点点而已。虽然听起来并不是很无礼，但是这个三连问又带来了新的问题：第一，从形式上说，虽然这三个问题中，关键问题被前后两个问题包裹起来了，但三个问题连问，一定会给对方带来压迫感；第二，三连问的特点是对方不得不回答，意味着对方失去了拒绝和回避的权利，在这种情况下，你在对方心中的印象一定是减分的；第三，如果对方真的不想回答，完全可以回答最后一个问题即可——你还是没有得到最关键的答案。

我本人认为不要用财力衡量人的价值。假如不得不了解对方财力，应该先以默默地观察为主，而非说话；如果真的想要提问，这三个问题其实可以合并成一个问题：“你来的时候，路上堵车吗？”

这么问的好处是用关心调动了对方的感受，也许对方会不假思索地提到自己是乘地铁或者是开车。即便对方没有回答，至少你表现出来的是关心，而非刺探。也就是说，你没有叫醒对方的“理性脑”，对方对你没有任何提防，你们还是在愉悦的氛围中进行交谈。

正确化解对立感的最佳方式，是让对方的理性脑继续沉睡，把你的提问变成交流。

**第一步：唤醒对方的态度**

好的提问，要以引发对方的叙述为主，而不是引起对方的判断，或者用问题逼迫对方表明立场。

有一个采访人曾面临这样一个难题：尽管他的采访对象信任自己，但是由于一贯以与世无争的态度来面对所有的人和事，因此回避了所有尖锐的提问。所以，想采访出有态度、有价值的内容，难度极高。

我的建议是用故事唤醒对方的态度。我给了这个采访人一个建议："你可以问他，近期发生的让他最伤心的一件事情是什么。"

结果，被采访人讲了一个自己亲力亲为却被团队成员误会的故事。他最后亮出的态度一反往常的"心如止水"，说："我走到今天这一步，难道是有金钱的支持吗？是我有足够的天赋让我得到比别人多的机会？还是我长得帅到别人一看我就想帮我？这些我都没有。我靠的只是我自己一点点地做事。所以，即便是亲近的人出于心疼我而让我放权，那也绝不可能。"

采访人告诉我，所有提问中，只有这个问题让采访对象用绝对化的态度来表述事情。

**第二步：交流自己**

要敢于谈论自己，只有这样，对方才能感觉到是与你在进行对等的沟通，而不是在被你的问题牵着走。

人的本性追求公平，如果想听对方的故事，你也得用你的故事来和对方交换。

当一个人处于不自信的状态时，是很难袒露自己的故事的，其实大可不必这样畏畏缩缩。你不妨说一个自己出洋相的故事，在无伤大雅的情况下，只会让对方也愿意和你交流一些他的真实经历。

我的第一份工作是担任总经理秘书。那时，我的工作任务就是和其他秘书友好相处，这样，我的领导有需要时，我可以迅速询问同行，高效解决问题。

所以，我一有机会和其他秘书吃饭，就喜欢讲自己的糗事。讲完后，我也没要求对方讲一个他的故事，但对方出于这种信息的平等交流，一定也会讲点他的故事。这样，慢慢地我们就成了朋友，可以互通很多消息。

当然，故事不但要有选择和储备，也要注意多样性。有一次，我的一位朋友私下悄悄告诉我："该换故事了，这个故事我在不同的场合是第二次听你讲了，你的人生中，就这么一件糗事吗？"

**第三步：掌控节奏**

对谈中，当对方喋喋不休时，你不妨用提问的方式转移话题。比如，对方一直聊工作，如果他是一名财务人员，你可以问出一个问题，转移到轻松的生活话题上来，比如你可以说：“在生活中，你也会带着财务人员工作时的那种严谨态度吗？”

# 别给对方拒绝的机会

密歇根大学的心理学家马歇尔教授用小动物做过一个实验。

首先，训练小动物从台子上跳到前面的两扇门里。

然后，心理学家将食物放在左边的门里，如果小动物跳到左边的门，就会得到食物，如果跳到右边的门，就会摔到网里。

经过一段时间这样的训练之后，马歇尔教授改变了策略，他将食物改放到了右边的门里，如果小动物往右跳就会得到食物，往左跳则会摔入网中。可是有的小动物就是不往右跳，还有的小动物干脆不跳了，放弃了尝试。

马歇尔教授开始想办法逼迫小动物去跳，比如用强风逼着它们跳。在这种压力下，小动物还是固执地跳到了左边的门。当它越固执地往左跳时，行为就越固化。即便它知道自己的方法行不通，但还是不能适应新情况，无法修正自己的习惯行为。

行为固化了之后，就算它能看到食物在右边，它还会坚定地往左跳，一次次地折磨自己，甚至咬伤自己。在这种痛苦的环境中，小动物彻底丧失了活力，开始对一切都感到绝望，对食物也不感兴趣了，精神彻底崩溃。

马歇尔教授归纳出导致小动物“精神崩溃”的五个阶段：

第一阶段：面对某个情况，小动物学会了一种应对的方法；

第二阶段：当外部情况发生变化时，小动物依然用原来的方法来应对，却不能解决问题，会产生惊惧；

第三阶段：继续用老方法应对新环境，一次次地受打击，但就是不肯改变方法；

第四阶段：放弃努力，陷入愤怒和绝望中；

第五阶段：外在压力继续逼迫它尝试，它又回到了最初的状态，用原来的方法继续应对。

在最后一个阶段，即便诱惑就在眼前，它也不会改变自己的路线，直到用原来的方法将自己逼入崩溃的绝望之中。

这个实验说明，当你形成一套固定的模式之后，就很难改变。这也就是为什么有的人明明发现自己的行为模式、说话方式有问题，却还是无法主动进行调整，就像一些推销员，即使自己的话术对他人没有效果，他们也还是不断地重复着，说服策略从来没有改变。

我收到过不少合作的邀请信息，其中很多信息令人无法不拒绝。而且，当你一次拒绝之后，对方再次的努力往往也是枉然。

比如“我们4月23日办一场商务活动，您能来参加吗？”，这基本是一个任何人都会拒绝的信息。曾经有这样一个说法：“没有人能连续拒绝一个人七次以上。”可是如果你用如上的信息，重复七次，也只能得到一个绝望的答案。

我们分析一下，为什么这句话一定会遭到拒绝？

因为它的有效信息太少，具体时间、规模、参与人数、活动主题、活动时长都没有介绍。反之，如果能补充好以上的基本信息，机会就会大大提高了。

除了保证基本信息的完整，我还要补充三个巧妙的方法。

第一，人们参加活动，往往是为了资讯和人脉。从人脉的角度来说，如果还有哪位名人、有影响力的人物也接收到了邀请，将这些人植入邀请词，效果就好多了。

第二，找出替代方法。不能只想着让对方给你方便，你还要给对方方便。提前替对方考虑好，如果对方行程紧，无法长时间参与这个活动怎么办？那就将一场活动分好阶段，请对方在他最想要参加的阶段准时参加即可。

第三，无论是邀请对方参加活动，还是要邀约见面，都需要一个独特的理由，这个理由要合情合理。记住，合情合理是你给对方的感受，也就是要将自己的目的弱化掉，以对方的利益为出发点。

具体的操作方法因人而异，在此举几个例子。

> “张总，这次会议是业内的高端会议，而且因为不允许有任何方式的传播，所以没有速记员，不能用录音笔记录，笔记也严禁外传，只能请您本人亲自参与。我们诚恳邀请您参加。”
>
> “张老师，书店邀请您和读者做一次面对面的分享会，规模在一百人以内，时长两小时。如果您方便的话，我们会给您细化的活动方案；如果您不方便，您看是否可以为我们签一百本书，我们把作者的分享会，变成读者自发的读书会，您看可以吗？”
>
> “张总，上次您签合同的时候，我发现您原来的

钢笔有点出墨不匀，我已经为您预订了 ×× 牌的产品，想邀请您过去再选一下喜欢的颜色，并亲自刻字。您如果腾不出时间，您也可以告诉我您的喜好，我给您取回来，只是您如果拨冗亲自过去试笔，会更加顺手。”

以上的邀约方式，对方如果不是真的有要事缠身，是很难拒绝的。

## 发现环境里的“关键信息”

聊天离不开一定的语言环境。在一个固定的环境中，有一些信息是能够影响对话的质量和效果的，我们要找到这样的信息，才能打开局面。

环境中的关键信息很多，我们可以分别从物品的角度、人的角度和情感的角度来捕捉。

### 从物品的角度来捕捉关键信息

当我们去拜访客户，或者去别人家做客的时候，要留意环境中是否有特殊信号的物品。比如，客户房间的整个装修风格是高端华丽的，而他的书柜上，摆了一张颜色很旧、不太清晰的老照片。既然这张照片没有被放在抽屉里，你就可以借此发问，也许你的问题正好能够引发他的倾诉欲。

我有一次拜访一位企业家时，就看到了一张奇怪的照片，泛黄的照片中有个小女孩，却明显不是他女儿。当时我好奇地发出了询问。他说，他多年前资助了一个云南重病的小女孩，后来小女孩痊愈了，他再次去云南的时候，小女孩一家用一种独特的仪式来感谢自己，秘书就拍下了这张照片。

这位企业家说："也许对我们来说，只是一笔钱的事，但是对别人来说，是生命，是日日夜夜对活着的期望和对生命的感激。所以，现在当别人和我谈项目时，如果只强调能赚多少钱，我往往不会特别感兴趣。对我而言更有吸引力的，是这个项目到底能对社会产生什么样的意义。"

这段话对我的影响也很大，后来我和这位企业家合作时，就找到了很有力的抓手，我们一起做了一件既有利于社会，又具有影响力的事情。

## 从人的角度来捕捉关键信息

如果你对同事说："你今天在客户那里的表现棒极了！"你的同事一定会特别开心。但如果你对你的领导说："你今天在客户那里的表现棒极了！"领导一定会认为你没有心理边界，说话不知深浅。

所以，我们说话的时候，要到什么山唱什么歌。即便不会唱，至少要明白对方的心境，把对方当作一个有情感的人，时刻关注对方会有怎样的感受。比如，你想对领导表达赞美，更加直接、平实地说出来就可以了："今天和您一起与客户谈事情，让我学会了怎么更自然地让客户转介绍新客户。"在对话中，对方通过你的语言在观察你，你的表现，如同电影镜头一样，被领导尽收眼底。

我们看一些影视作品中，女主角上飞机时，也许会对邻座的小孩报以微笑，或者男主角在执行危险任务的时候，救了一个受伤的孩子。这都是在利用"孩子"这个"人的因素"，让观众对角色留下好印象，与角色建立情感联结。

那么，我们在对话中，更要留意"孩子"这一关键因素，尤其对于你的客户、朋友来说，他们的孩子就是他们的一切，关心孩子就是最大的示好。

比如，当你的朋友没有打招呼，就带着他的孩子来到你家做客，无论你是否感到意外，你都不应该表现出对孩子的不耐烦。你首先可以问："小朋友爱喝点什么？我来找一下。"朋友有可能会对你解释："今天孩子的妈妈突然接到通知，要去外地出差，我把孩子放在家里不放心。正好今天您找我聊合作的事情，我也拖延了很久，就赶紧过来了。”

你对这样的解释应该表示理解，这并非虚情假意的敷衍，而是将心比心。

我们应该明白，孩子虽然看似不是大人物，但是在这个对话场里，却是非常重要的因素，你应该帮助朋友关心孩子的需求。你对孩子的关照，一定会让你和朋友之间的氛围更加愉快，谈事情也会更加顺利。即使孩子有可能顽皮吵闹，但他绝对不是你们沟通的阻力。

为什么有人会把孩子当作阻力？因为当一个人急切地想要达成目标的时候，就会把别人物化，把对方当成自我实现的一条路径，把周围的一切不和谐因素都视为障碍，却忽视了作为人类共通的情感：每个人都渴望被关心和理解。

如果我们能够将这一点内化成自己的认知，那么，在与别人对话的时候，自然不会出错。

打个比方，你和客户在咖啡厅谈合作，有人路过时不小心把咖啡洒到了你的白衬衣上，这时你的第一反应会是什么呢？

你脱口而出的那句话，是怎么也收不回来的。生活中并没有彩排，你愤怒地骂一句脏话，或者出于关心，轻声问一句“你没事吧”，给客户的感受一定是完全不一样的，甚至很可能会影响你们谈合作的结果。

## 从情感的角度来捕捉关键信息

每个人对于情感的敏感度是不一样的，有的感情在对方心中很重，有的却是对方并不在乎的。

人的情感需求是如此不同，如果你要表达的事情恰好能对应他内心最看重的情感，你就能得到对方的回应和重视。反之，如果你说的话，无法让对方内心的情感起任何波澜，那么任凭你花多大的力气，都无法得到回应。

所以，当我们与一个人对话的时候，如果发现对方已经不回应，或者微微把头扭到了一边，甚至已经昏昏欲睡，我们要做的并不是提高自己的嗓门重复自己说的话，而是应该换个场景，或者换个话题，找到对方心里在乎的情感空间，把你要说的事情转移到这里。

也许对方不会马上给你答复，但你会感觉事情起了一点微妙的变化，对方开始思考和提问了。这时候不必急于求成，你只需要继续停留在这个话题上。对方的情感已经被激活，你就慢慢等待对方完成自我酝酿。

比如，你在游说客户买一件产品，讲到这件产品在未来二十年里将会发挥多大的作用，但是对方并不是一个有长远投资目标的人，你就需要马上转移战场，讲到眼下这件产品对他的生活有何利弊。

再比如，对方明明对一件礼物感兴趣，但拿不定主意时，你不妨勾画出收礼物之人开心的场景，以此帮助他做决定：“你女朋友收到这瓶精致的香水后，一定会觉得自己被幸福萦绕。”

从情感上去打动人，这比一味地强调价格有多划算更有用。

## 制造共同的愿景，将对方变成“自己人”

彼得·圣吉在《第五项修炼：学习型组织的艺术与实践》中写到关于团队的共同愿景时，提到了电影《斯巴达克斯》中的情节。

斯巴达克斯领导了一场奴隶起义，最后，起义军被罗马军队包围攻击。克拉斯将军对数千名斯巴达克斯起义军的幸存者说：“你们曾经是奴隶，将来还是奴隶。但是罗马军队慈悲为怀，只要你们把斯巴达克斯交给我，就不会受到钉死在十字架上的刑罚。”

在一段长时间的沉默之后，斯巴达克斯站起来说：“我是斯巴达克斯。”

他旁边的人也站起来说：“我才是斯巴达克斯。”下一个人站起来也说：“不，我才是斯巴达克斯。”

不到一分钟，所有被包围的人都站了起来。

彼得·圣吉在书中写道：“不管这个故事是真是假，它揭示了一个深层道理。当每个奴隶站起身来时，就意味着他选择了死亡。然而，他们对斯巴达克斯军队的忠诚，并不是针对斯巴达克斯个人的。这种忠诚是针对斯巴达克斯所激发的共同愿景，即他们可以成为自由人这一理想。这个愿景是如此具有吸引力，以至于没有一个人能忍心放弃它，而重新沦为奴隶。”

当我读到书中这部分文字的时候，有一种身临其境的感受。生命对于每个人都是宝贵的，除非有更值得我们追求的东西。如果一个人认为自己来到这个世界上，是有使命的，他会为了自己的使命，去做很多“明知不可为而为之”的事情。

我们在与别人聊天的时候，也要明白所谈的事情在别人眼里是否重要。人与人之间常常产生很多误会，这种误会主要源自对自己和他人的不理解。

心理学上有种说法叫作“自利归因”，我们在分析问题时，很容易相信对自己有利的因素，把好事都归结为自己的英明智慧，把错误都推到别人的身上。这是一种典型的思维谬误。

我们看自己的时候，往往觉得自己是一个有追求、有理想的人；而同样的事情发生在别人的身上，我们却容易误会别人只是为了钱。

当我们以这样的思维方式去误解他人的时候，很多事情，无论怎么沟通都是徒劳的，纵然聊上千百次，还是会碰钉子，就如同电影《斯巴达克斯》中那个以为自己掌握了一切，但其实手上什么筹码都没有的克拉斯将军。

## 商务合作，绝不只是靠利益来维持的

在生活中，我经常发现一种现象。

我替朋友谈了一些合作，进展并不那么顺利的时候，就出现了如下的对话。

朋友会找我抱怨说："张总，这件事情我进展不下去了。"

"为什么？"

"除非我增加预算。"

"对方明确地要求你增加预算了吗？"

"并没有。但我个人判断了一下，原本一件谈妥的事情，对方突然横生枝节来为难我，一定是他重新衡量了整个项目，觉得是我们这一方从中受益更多，所以想让我给他们更多的经济利益。"

我告诉他："不要做这样的假设，你再沟通试试。"

他回答："没用的，我们根本无法沟通了。"

遇到这种情况，我只能自己去沟通，往往一沟通，却发现没有不可调和的矛盾。

当我打完电话，告知朋友问题得到解决的时候，他会说："还不是因为你和对方关系好，他才给你个面子。"

这真是大错特错！

我的错误在于前期包办得太多，对于我的朋友来说，他只知道一件事情的答案和结果，并不知道我是如何谈成一件事的。也就是说，他根本不知道我起初和对方谈的共同愿景是什么，或者说，即使他知道，这种共同愿景在他看来也只是一种谈判的手段而已，他并没有内化为自己本身的意愿，也不愿意为此付出努力。更重要的是，他误认为合作方也是利益至上的。

所以，在项目进展中，他内心缺乏一种解决问题的决心和动力，对合作伙伴并不信任，遇事容易动摇，谈话容易急躁，必然使谈判更加困难。

我得到的经验是，合作的双方前期一定要多沟通，讨论出共同的目标和愿景，这样，后面的工作就更容易顺利展开，合作也会更加稳定。

在合作中，如果其中一方偏移了合作轨道，另一方要通过沟通，将偏移的一方呼唤回正确的位置。你的对话内容一定要回到合作的初衷，也就是共同目标上来，不要总想用金钱和利益的力量去撬动合作。这不但是一种思维上的懒惰，而且更大的问题在于，用“钱”推动合作的这种方式已经暗示了你和对方只有金钱关系，而且你们的利益是相对的，对方已经被置于对立的位置上了。

我们在和别人对话的时候，一定不要让自己的心去“轻慢”他人。马斯洛需求理论告诉我们，作为一个人，更加高级的需求是被尊重、被认可，这些比金钱和物质更重要。比如我的一位编辑朋友告诉我，她与很多作家一直有深度合作，这些作家对她的信任度非常高，即便其他出版社用好几倍的稿酬都无法将他们挖走。这也足以说明，不是所有的合作都是靠金钱和利益来维持的，很多时候，大家更加看重的是合作双方有没有共同的目标，是否能彼此信任。

我的两个大学同学一起创业，中途出现了严重的危机，不仅存在分道扬镳的风险，甚至还有对簿公堂的可能。后来，我们办了一个聚会，所有人都为他们两个加油，大家还一起回顾了毕业时的画面，没有一个人站出来评论是非，也没有人表示他们两个人之间谁对谁错。我们旁观的人，谁也没有权利来评判，只是想提醒他们两个，曾经一起创造过什么，那是人生最宝贵的财富。不管离开校园多少年，所有人都期待，我们这些人还能有守望相助的情谊。

我们为大家不因进入社会而使情谊变得面目全非，都能知世故却不世故而干杯。

此后，这两位同学进入了理性的沟通，他们发现彼此之间不适合做创业合伙人，但还可以进行一些商业合作。

## 谈判中的语言艺术

我常常提醒大家，在聊天和谈判的时候，要少说“我”，多说“我们”。

在塞缪尔·早川、艾伦·早川的《语言学的邀请》这本书中，关于“我”所代表的权利有如下精彩的解释：

> “我的地产”“我的书”“我的汽车”，从外向意义来看，这个“我的”究竟是什么意思呢？无疑，“我的”并不代表上述各物的任何特征。一张支票易手，“你的”汽车就变成了“我的”；汽车本身并没有发生任何变化，那么是什么东西发生了变化呢？
>
> 无疑，发生了变化的是社会上一般人对我们应该

怎样处理那辆汽车的意见。过去那辆汽车是“你的”时候，你可以随心所欲，任意处置，我却不能。现在它是“我的”了，我就可以任意处置，你却不能。

这段话让我们看到了“我”到底意味着什么。

当我们把一个合作项目，看成是“我的一次逐利的机会”的时候，你就会试图控制所有人。

习惯在合作中把“我”说成“我们”，尊重对方对合作的共同决定权，把对方当成一个和自己一样有思想有情感的人，把项目当成大家共同的愿景，在这种心态下，你将为彼此的合作去努力，事情的进展自然才会顺利。

比如，你给对方看合同，当你心里有“我们”的时候，就不会坐在与对方相对的座位上和对方谈判，而会坐在对方身边一起讨论。你们两个人一起研究条款，你会考虑彼此共同的利益和需求，让一切向着最终的目标靠近。

在日常聊天中同样如此，把“我”变成“我们”，你会发现很多事情不知不觉起了微妙的变化。比如：

我可以约你去看樱花吗？

在这句话中，“我”和“你”成了对立的邀约者与被邀约者的关系。被邀约者很容易进入理性思维模式中，对邀约者进行评判。

如果我们换一种说法：

现在的天气真好，我们真应该一起去看樱花。

你能够感受到这句话的不同吗？

我们不妨将自己代入这个场景中，去感受这两种邀约方式哪一种更容易让自己接受。这样，我们就能明白将“我”变成“我们”有多么重要了。

## 模糊信息的艺术：让语言“留白”

此处的“模糊信息”，并不是说我们在生活中说一些模棱两可、没有态度和立场的话，而是我们要学会用一种艺术化的手法来处理与别人之间的对话。

什么是艺术？

艺术是一种世界语言，伟大的艺术往往是含蓄的，艺术家能够协调自己的内在情绪，使用一种模糊的表达将这些情绪展示出来。

就像我们听交响乐，很多时候，我们并不能够用最准确的语言来描述一段旋律到底表达了什么；再比如一首诗，无论是古体诗还是近代诗歌，有时候也不太容易清楚地说出自己被击中的原因；甚至是流行歌曲的歌词，总有一些地方是模糊的、含蓄而动人的。

对于艺术来说，好的作品一定不是直白的表达。好的作品，往往让人在欣赏之后回味无穷，它不会将话说尽，而是懂得留白，给观赏者留下心理上的余裕，让观赏者自己去接收信息，自己去发酵情感。

好的聊天，也可以借鉴这样的方法。当然，我们对话的大部分都是用于日常交际，一个人不可能时时用到这样的方法，那样就会造成沟通障碍，但在很多时候，我们其实不必把事情解释得过于透彻、翔实、分毫不差。

举个例子。你着急赶火车，但是进站口排着长长的队，如果你不立即进站，火车就有可能开走了。这时候，你说的话就要为当下的场景服务，你只要说："我的车次要开了，大家能让我先检票吗？麻烦大家了。"其他的，你不必解释得很详细。也没有人会问："你到底是哪一趟车，什么时候发车，你的车票给我看一下。"充满善意的人们，会体谅和理解你，会让你排在前面。

在紧急情况下适用的这种原则，其实在日常生活中也可以用到。有人问："你为什么和前一任领导发生了冲突？"你可以说："根本还是在于价值观不同。"至于细节、原因、冲突地点、后续发展……你就没必要再去赘述，要克制自己的表达欲，才能维护好自我的空间。

每个人都有一套语言表达系统，有人说话细言慢语，听起来没有什么攻击性，但总会令听的人感觉味同嚼蜡、想早早结束会话。

造成这样的局面，可能有如下原因。

第一是知识储备不足。

虽然大家都在使用汉字，但由于成长背景的不同，导致有的人词汇量不高，或者由于没有终身学习，无法紧跟时代，说话时就容易缺乏新鲜的内容。

第二是粗暴的结论。

我们深入生活，就会观察到成熟的人不容易给出粗暴的结论。粗暴的结论并不是指那些有侮辱性字眼的结论，而是指思路过于简单、非黑即白、非此即彼的论断性语言。比如，有的人动不动就下结论："还不是他家里有钱支持，他才有今天。""他的影响力这么大，是因为他会炒作。"这些简单的结论往往来自一个不肯思考的、懒惰的大脑，而这种结论说得多了，会令大脑更加懒惰。

正如《语言学的邀请》中所说："倘若你是在听乡下老太婆讲故事，你就会发现，她讲不上几句话，或者最多讲完一个故事，一定会下一个结论，'好心有好报''老天有眼''罪过''活该'。与之相对，受教育程度较高的人说话时自行下结论的情况就比较少见，他们更多的时候都是在陈述事实。”

所以，我们在说话的时候，要尽量减少直接、粗暴的论断，使用一些模糊的表达，这样语言的层次才会更丰富，更有魅力。

比如，别人来问是非，你没必要回应细节，也没必要和别人声嘶力竭地辩论一番，你只要淡淡地给出一句：“根深不怕风摇动，树正何愁月影斜。”你的境界和要表达的信息已经传递过去了。

再比如，有人说：“你的老师那么有才华，为什么没有影响力？”你可以替老师回一句：“芝兰生于深林，不以无人而不芳。”

我们在工作沟通中也要学会这种艺术，有时候，给出一些模糊的信息是沟通的必要。

假设你非常想和A公司合作，但是你的老板并不像你那样了解A公司，因此兴趣不大。

你所要做的，一定不是简单的说服工作。你要综合所有的信息，就像画一幅水墨画一样，将A公司的优缺点呈现出来。但是水墨画有一个特点，就是注重留白，所以你也要注意，不要下评判，不要把画纸填满。最后你老板的决定就相当于给这幅画做题跋，点出主旨。

这并不是教你谄媚，而是学会回到工作的本质和流程中。

一个人在社会上想获得别人的支持，并不一定要简单直白地求关照，而是可以通过激发别人的创造和想象，来完善对方心中的图景。

模糊语言中的信息是一门艺术。我们唯有不把话说满，怀着空杯心态，不断地使用这门艺术，才能最终内化为自己的习惯。

# 把判断权还给对方

十多年来，我被无数人问过问题。虽然问题听起来多种多样，但归根结底，都是“我该怎么办”“我该怎么选择”。起初回答这个问题的时候，我会尽量多地收集有效信息，给对方建议。后来我发现，最正确的回答，不应该是我的建议，于是我转变了答题思路。

我曾经经常被问到一个类型化的问题：“我该考研还是工作？”

大多数提问之人，其实未必成绩很好，有考研的把握，或者一心想钻研学术。大家各有各的动机，有的人仅仅是为了逃避工作和现实生活。

当时遇到这样的问题时，我的回答通常稳、准、狠，因为我知道，对方如同陷入泥淖之中，如果没有有力的刺激，帮助他脱离，他一年又一年地考不上，就有可能一年比一年荒废。而且一旦对方的心智模式成了“自动驾驶”的状态，他就更不愿意思考。

趁着他们有这样一次难得的反思，我的回答通常都是这样的：“既然当年高考这道分水岭已经证明你在考试上不具优势，那你为什么非要一意孤行，再这样屡考屡败呢？你信不信，我明年见到你的时候，你还不如今天！”

这样的回答虽然很不好听，但是往往能一语中的，点醒陷入其中的人。有的人在我答复的第二天就收拾东西，离开学校附近的出租屋，回老家谋生；还有的人，对话发生的第二个月就开始积极找工作，我自然也收到了感激。

但没过多久，我就发现了这样回答的弊端在哪里，因为很快他们又产生了新的问题：“我该去大公司还是小的创业公司？”也许再过不了多久，还会产生问题：“我和领导关系处理不好，应该怎么办？”

我马上意识到，最正确的回答一定不是最好的答案。好的回答，努力的方向一定是不代替对方思考，而要学会用提问代替回答，引导对方去思考。

哲人苏格拉底的伟大在于不仅自己思辨，还帮助他人思辨，帮助他人认清楚自身。

当年问我“我该考研还是工作”的人，我的回答可以是一个提问，来帮助他发现自己的真实想法和处境，比如：“考研是否真的是你内心所期望的？”

不排除有的人真的不知道自己内心深处的真实想法，所以还可以接着问：“如果现在有一份好的工作放在你的面前，你还会选择考研吗？”这个问题就能引导对方发现自己内心的真实需求。

无论是人生选择还是工作交流，都可以试着用这种方式启发对方去思考，让对方自己做出决定。

我的一位人力资源朋友曾打电话给我，向我咨询我的一位前同事的情况，因为我的这位前同事应聘了她公司的一个管理岗位。

有如下三种回答方式。

**第一种方式**

他的优势是做技术，如果他有意愿转做管理，我不太了解，给他机会试试？

这个回答的问题就在于代替对方回答。

**第二种方式**

他工作的时候认真，态度好，你们面试看看。

这个回答态度敷衍，没有给出可靠信息。

**第三种方式**

我和他共事的时候，他主要负责技术，具体需要你再判断。

这个回答的优点在于提供了客观事实，并且把判断的权利给了对方。因为对方本身的专业就是对应聘者进行综合判断，在这种情况下，最好的方式就是给对方自由的空间去做决定，而不是替对方决定。

## 如何向领导汇报失败

每个人的人生中都会经历“失败”，或者露出不光彩、不如意的一面。遇到失败很正常，重要的是，我们该如何向自己和他人解释失败，尤其在工作中出现了失误和错误，该怎么去解释，这是一个职场人的必修课程。

不能坦然承认自己的失败，并将失败解释清楚的人，内心是不开放的，他们总是将自己层层包裹，将问题埋起来。但看不到问题不意味着问题不存在，越是把失败藏在心中，对外表现出“一切都很好”的样子，越是会患得患失、紧张不安，深陷于挫败感之中。

在这样的情况下，自己的生活是无法放松的，与别人聊天时也会不自信，会畏畏缩缩的。所以我认为，真正的情商高、会说话，只有在经历过失败，却依然对自己和他人充满热情和信心的人身上才有可能实现。一个人不再畏惧失败带来的后果，敢于用积极的态度直面别人的质疑，才能在汇报工作时应对自如。

很多人在犯错之后，无法进行积极的自我解读，对自己过于严厉。我们比较一下负面思维和正面思维对一件事情的不同影响——试想，一名销售人员在即将签约的时候控单失败：

**负面思维**

我这次又搞砸了，这笔业务被人抢单了。

是我不够努力，我两天联系一次客户，也许对方是每天都跟单。

我脑子不够灵活，没有觉察到客户的变化。我天生不是做销售的材料。

都怪我运气不好，我总是没有好运气，好运气都是绕着我走的。

到底是什么原因丢单了？算了，等着挨批吧。

**正面思维**

这次没有成功，居然被抢单了。

本以为 90% 拿下的可能，最后的 10% 居然被翻盘了。

看来那些我以为拿不下的单，其实也都有机会。

我在哪些方面做得不足？是我没有及时跟单吗？但是，每两天跟单联络客户的频率对这个客户来说是合理的。

我脑子不够灵活？当然不是，不然我就不会有 90% 的胜算了。

是我大意了吗？应该也不是，整个签约过程被我安排得有条不紊，只是临门一脚出问题了。

问题到底出在哪里，我要好好想想。

在这种正面思考的引导下，他终于查到原因，原来竞争对手帮客户的孩子去国外留学做了关键性的工作，感动了客户。

了解到这个原因，再向领导传达这个消息，这名销售人员肩膀上的压力就会小很多，也未必会挨批。

更重要的是，他在整个过程中，没有苛责自己，没有自我攻击，保持了积极的心境。

在这个案例中，我们还可以思考一点：他该如何向自己的领导汇报这次控单失败的过程。这当然是需要对话技巧的。我们要站在对方的角度共情，以让对方最容易接受的方式去表达。

大致的原则是，当你对别人讲一个好消息的时候，你要把这件事情的逻辑整理好，一步步地说，让好消息一点一点传递出来，这样就能不断地激发领导对你的正面印象。

但是，如果你要汇报一个坏消息，就要注意对话策略，也就是将坏消息包裹在一层层的解决方案中。以上的案例，销售员要将下一次控单的解决方案和经验教训植入自己的汇报中。比如他可以说："我对这次跟单的各个细节进行了分析，觉得对客户的背景调查还是做得不够，下次我一定及时了解客户当下最大的需求，在自己的能力范围内给他提供帮助。"

要知道，每一个老板都明白失败在所难免，重要的是失败之后吸取教训。当你带着诚恳的态度和解决方案汇报坏消息时，领导自然会体现出他的宽容大度。

在聊天中，有时遇到失败的不是我们自己，而是对方。这种情况下，如果能够用有效的语言来安慰别人，往往更容易与对方拉近距离。

如何提高安慰别人的能力呢？首先要明白人的复杂性，每个人所遇到的事件不同，每件事在不同的人心中的分量不同，每个信号在对方脑海中的解读自然也不同。想要把安慰的话说到人的心坎里，就必须精准地理解对方的感受。

为了提高对于情绪的理解能力，我们可以做一个团队练习。

首先，请团队成员匿名写下一件自己认为很失败的事情，并将自己在面对这件事情时的感受记录下来。

其次，将所有人的信息收集到同一个文档，按照序号进行排列。请大家针对所有的失败事件和负面感受进行理解，并针对每一个事件，写出一小段安慰对方的话。在写的时候，注意有意识地使用积极的语言。

最后，请所有人一起讨论，筛选出最能打动人的文字。通过这些文字，你就能很直观地了解到，怎样的语言在安慰别人时是最有效的。

# 03

第三章

# 关系推进：
# 拥有打动任何人的语言技巧

## 最好的距离，是成为“二格朋友”

古代有一句话：“近之则不逊，远之则怨。”

说的是人和人交往中的一种现象，离对方太近，容易没有距离感，彼此之间少了一份客气和尊重；距离远了，有可能又招致怨念。

关系是锁定不同人的纽带，纽带的作用就在于让人与人自由而舒适地联结在一起，而非与某个人打上缠绕的死结，所以“二格”的意思，就是提醒我们，有一些人，你与他／她保持一定距离，反而是最舒服的状态，没有必要非得成为知己、知音。

要知道，有的关系密切过度，看似亲密无间，实际上，反而会越来越脆弱。

人与人之间的距离，可以通过聊天来调整吗?

当然可以。很多人误以为人与人之间关系的发展不是自己一个人的事，而是两个人之间的事情，所以自己无法去做单方面的调整。然而，一个人可以对自己所做的事情，有充分的把控。每一个人都是他所读过的书、遇到的人、做过的事、说过的话、走过的路等所经历的一切的总和，我们每个人，都可以通过聊天来展示自己，维护关系。

如果你曾经由于不了解某个朋友，快速和对方产生了一段关系，又因为了解而分崩离析，那么，只要找出当时快速推进的聊天记录，就会发现其中的问题。真正对推进关系有利的聊天，对节奏和内容一定是有要求的。

那么，我们到底如何通过聊天，和一个人成为距离适当的“一格朋友”呢?

可以从以下三个方面来完善。

第一，控制聊天的内容。

要控制话题的数量和质量，数量可以适当增加，但是聊天的质量一定要稳定。人与人初识，一定要避免交浅言深，不要随意深入隐私内容。我们可以让节奏长时间地停留在公开信息的阶段，然后缓慢地进入半公开信息，总之，不要让对方进入秘密的个人信息中。

想想看，如果在一天之内，你把自己一生的经历都聊完了，把自己的生活、工作、爱好、童年经历、情感、秘密、理想等一切和盘托出，接下来，你们还有其他的发展空间吗？这几乎意味着马上就要进入“近之则不逊，远之则怨”的状态。

除了信息的透露，还要注意感情上的节制。

在此我举出两种表达方式，和大家一起体会什么样的感情既真挚又不会过分亲密，不会乱了方寸。

中国文化大家顾随就认为，魏文帝曹丕的文章比曹植更胜一筹，原因就是魏文帝表达情感真挚，同时又不失理性，而曹植虽然胜在文采斐然，情感表达却过于洋溢，难免显得夸张、虚浮。

曹丕和曹植都给他们的一位朋友吴质写过一封信。

曹丕《与朝歌令吴质书》是这么写的：

“每念昔日南皮之游，诚不可忘。既妙思六经，逍遥百氏，弹棋间设，终以六博，高谈娱心，哀筝顺耳。驰骛北场，旅食南馆，浮甘瓜于清泉，沈朱李于寒水。白日既匿，继以朗月，同乘并载，以游后园。舆轮徐动，参从无声，清风夜起，悲笳微吟，乐往哀来，怆然伤怀，余顾而言，斯乐难常，足下之徒，咸以为然。今果分别，各在一方。元瑜长逝，化为异物，每一念至，何时可言？”

曹丕写自己与吴质昔日的交往与今日的感受，看起来平白直叙，毫不夸张，却充满感情。以叙述美好的时光，表达了他内心深处的悲伤。

曹植也有一篇写给吴质的文字《与吴季重书》，其中有这样的句子：“当斯之时，愿举泰山以为肉，倾东海以为酒，伐云梦之竹以为笛，斩泗滨之梓以为筝，食若填巨壑，饮若灌漏卮，其乐固难量，岂非大丈夫之乐哉？”与曹丕相比，就少了情感上的节制，显得夸张、热情，甚至给人一种空泛的感觉。

所以，吴质给曹植的回信也有了一种距离感：“若追前宴，谓之未究，倾海为酒，并山为肴，伐竹云梦，斩梓泗滨，然后极雅意，尽欢情，信公子之壮观，非鄙人之所庶几也。”

我们在和别人的沟通中也要注意自己情感表达要适度，当你有了节制，对方就会节制；当你有了理性的思考时，对方也会开启理性的思考，并对你表示出尊重。

第二，控制聊天的节奏。

很多人都做不到在最好的时候说再见，这就容易导致人们一聊再聊，聊到超越界限，聊到彼此再也没有话题，甚至聊到出现矛盾和分歧。结果就是要么关系发展过快，却因为没有经过时间的沉淀形成真正的信任，导致关系不稳固；要么出现分歧，让彼此再没有耐心去倾听和了解对方。

我们要明白，聊天的原则是既要保持沟通的连续性，还要按照一定的节奏来推进。

比如，当你拜访一个客户的时候，最初聊天的目的就是熟悉，而不是马上约客户吃饭或给客户送礼物，这样很容易让你显得轻浮，显得急功近利。

第三，控制聊天的环境。

所谓聊天的环境，是指我们要给对方一定的安全感，要考虑到聊天的环境是否会将双方置于危险的位置，或者让对方有不适感。

比如，很多人原本和领导的关系很好，但是和领导一起出了趟差，离开了熟悉的办公环境，就忘记了自己的角色，忽视了自己和对方依然是工作关系，说话的时候不似在办公室那么严谨，忘乎所以，因而祸从口出。

再比如，晚上过了十一点，同事和同事之间，包括同事和领导之间就不要再聊天了。夜里本是属于个人的私密的休息时间，这时候我们会进入放松状态，有可能说出一些平常不太会说出口的话。但是，你能确定听到这些话之后，对你们的关系有好处吗？

所以，一个有智慧的、会聊天的人，一定能够用理性支配自己，克制自己的表达欲和情绪，和朋友保持最舒服的距离。

# 如何在对话中建立深度联系

## 探索对方语言背后的需求

滔滔不绝的聊天未必好，但总有很多人感觉聊天的时候没有话说。尤其对于内向的人来说，他们往往特别容易冷场。他们有时候也不明白，为什么别人和自己聊着聊着就不再继续了。

比如以下的对话：

A：忙吗？

B：不忙。

A：那你在干什么？

B：在看球赛。

A：我和你聊天影响你吗？

B：不影响。

说完这句话，A 再也没有继续聊下去，B 却疑惑不解。

我们其实很容易产生一个误区，就是性格内向意味着不擅沟通。而事实上，会聊天，跟你是否才思敏捷、能说会道并没有直接的关系。一个人性格内向并不意味着在沟通中没有竞争力，内向的人完全可以通过倾听的方式，来发现对方的需求。在发现对方需求之后，并不需要说太多的话，往往三言两语就能产生很好的互动效果。

我们分析一下上面的对话中，对方可能存在的需求。

A：忙吗？（可能有聊天的需求）

B：不忙。

A：那你在干什么？（表达了关心）

B：在看球赛。

A：我和你聊天影响你吗？（以委婉的方式，表达了自己有聊天的需求）

B：不影响。

在这段对话中，B 其实只要在回答任何一个问题的时候，加一句“你呢？”就能将两个人的聊天继续下去。这种方法非常简单，在对方想要建立联系的时候，回应得当即可完成。

当对方抛来“宽泛”的话题时，我们都可以给对方表达的机会。比如：

A：今天做了什么？

B：陪同领导视察分公司的情况。你呢？

## 自我坦露

每一个泛泛的问题背后，都可能藏着一个人的倾诉欲，对方问你过得如何，有可能是想告诉你他今天过得如何。

我们接招的方法就是，先进行自我坦露，然后用一句“你呢？”给对方倾诉的机会。

恰当的自我坦露不仅对当下的沟通有效，对解决矛盾也同样有效。

比如，面对对方的质疑：

“你周六日要花很多时间去健身房？”

第一种回应：

这是我个人的选择。

第二种回应：

是的，是不该花这么多时间。

第三种回应：

对，我觉得周末运动能给自己下一周的工作带来能量。

分析如上三种回应：

第一种回应是以封闭的态度对对方的质疑予以回击；

第二种回应有可能带来的后果是，只回应而已，根本不改变，这并不是在聊天和沟通中值得提倡的原则；

第三种回应进行了自我坦露，真实地表达了自己的需求，这本身就是一种很好的开放的沟通态度，不仅向对方传递了一把了解自己想法的梯子，也能够在日后避免矛盾和从根本上解决问题。

以上都是我们和对方在沟通时，所需要进行的练习。

最后，我们聊聊如何通过高效互动，让你和他人在尚未取得联系时建立良好的关系。

有一个小小的绝招：恰当地将一个陈述句变成一个疑问句，往往会出现令人意想不到的结果。

我大学毕业后，第一份正式工作是做领导的助理。当时，我会有意识地和领导合作伙伴的助理建立联系。

我记得有一天早上，领导让我去和他的一位合作伙伴王总谈项目合作。接到任务后，肯定是要先找到王总的助理小林聊一聊。

当时我的领导对于合作条件是非常优厚的，他给了我一个谈合作的弹性空间。我和小林谈事情的时候，发现他总是紧皱着眉头，似乎有点不舒服。

那天，看到他这样，我说了一句连自己都想不到的话。就是这句话，不仅拉近了我和他的关系，还近乎解决了一个高难度的问题。

我本来想说的是："小林，你看起来不舒服，我们下次再约时间谈吧。"

本来这是一句陈述句，但是我那天突然把这句话变成了疑问句，我说的是："小林，是不是我说什么让你感觉头疼了？

我说的事情让你感受到压力了吗？”

很显然，本来小林的状态和我及正在谈的事情都没有关联，但是我这样一问，他就像是卸下了千斤重担，说出了一件令我非常意外的事情。

他说：“我不知道你以这样的条件来谈这个合作，我甚至都怀疑这样的条件谈下来，你们会面临巨大的风险，根本不赚钱。而且，你们给出这样的条件，别人自然也会提高条件，王总就有可能在一时的争抢中失去原来的判断。最后，我担心不论你们谁拿下了合作，但是如果合作方没赚到钱，砸牌子的还是我们王总自己。所以，我建议你先从别的方面和角度来谈这个合作，而不是一下子抛出这么好的条件。如果到时候你们真的是其他方面都特别好，只是合作条件还欠缺，我也会把综合实力反馈给王总，并帮助你们重新再谈合作。但我还是认为，没有必要一开始就以这么高的条件来试图打动王总。”

那个早上，我和小林不仅推进了关系，还把合作推向了正轨。

而建立这个连接的方式，并不玄妙，那就是试着把你的陈述句变成和对方有关的疑问句，把你下结论的句子包装成和对方商量的态度，也许，你就会得到不同的答案。

## 精准解读语言中隐藏的重要信息

在生活中，我们随时随地都会发现人们说的话背后隐藏着很多信息。

这不仅是我们含蓄的语言传统造成的，更是因为我们生活在现代社会，每个人的时间都很宝贵，所以人们用一种含蓄的方式表达，看似在浪费时间，实际上却在为自己节约时间。

举个例子。你刚从超市出来，可是你的购物袋并不够结实，你买的几听啤酒和其他零碎的物品，全都掉到了地上。

现在怎么办？你完全无法把这么零散的东西只靠双手就拿到车上。

这时候，有人过来说："你的购物袋破了？"如果你胆敢用恶劣的态度说："关你什么事？"我保证对方肯定会扭头就走，绝不会伸出援手。

但是如果你说："是的，购物袋不结实，好像有东西把我的袋子划破了。"

对方如果有能力帮助你，大概率不会袖手旁观。

我们从字面上看，对方问你的购物袋是否破了，事实就在眼前，这不是一句废话吗？但实际上，对方的意图，是试探你是否需要帮助。而回答"是的，购物袋不结实，好像有东西把我的袋子划破了"，这个解释也并不是真的在解释袋子为什么破掉，而是想给对方一种信息"我愿意和你沟通，愿意对你说出我的问题"。

也许有人会问，用得着这么麻烦吗？

这取决于具体的场景，既要考虑彼此之间是一种什么样的关系，又要考虑事情的大小。如果帮忙的人仅仅是想提供一个购物袋，那么他可以直接说："你需要帮助吗？我给你一个袋子。"但是如果帮忙的人既不和你顺路，却还帮你拿其他的物品（这需要你的同意），这样的关系就需要在陌生人之间即时输送一种短暂的、必须信任的信号。

如果彼此给的信息对方都能够解读到，这种友好的氛围就已经建立了，那么帮忙的人可以付出自己的时间，帮你一起把所有的东西拿到你的车上。

以上说的，是解读信息的重要性。

人与人的交往中，有时候一个重要的信息解读到位了，哪怕你们现在不是朋友，甚至将来也无法成为朋友，彼此也会感受到一种互相支持的力量。

我们解读对方的信息，可以分以下三步来入手。

**第一步：解读对方的感受**

举个例子。办公室新来了一名同事小王。下班的时候，小王发现自己和同事小李正好有一段路是同路，小王就和小李主动聊起了她的心情："我刚刚得到前同事给我发来的消息，我之前的公司用我的作品去评了一个奖，而且是一个含金量很高的奖，这个作品虽然署名是我们当时的创意总监，但是从最开始的思路到大致的策划案，是我好几个晚上不睡觉想出来的。在我们原来的公司，获奖会有一笔小小的奖金鼓励。"

这时候，小李可以做不同的回应：

A：你感觉很委屈？

B：是不是觉得为他人做了嫁衣裳？

C：你应该回一趟原来的公司，表明你的立场，要求奖金重新分配。

D：这属于职务作品，如果你没有证据表明你的原创含量高，这件事干脆就算了吧。

如上的四种回应，最好的是A。A呈现的，是小李在解读小王的情绪。他体会到了小王的情绪，并且把这种情绪说了出来。当小李替小王说出了自己的感受，小王会感觉到被理解，复杂的情绪和压力都会得到一种纾解。

B似乎也是在解读情绪，还引用了一句诗，但是这种解读非常不好。我们通常在聊天中，引用诗文的目的是适度隐藏自己，给出一个模糊的信息，但是这一句诗用在此处，敌对的情绪很重，是负面的情感指引。

C和D都是在给建议，无论提出的建议是劝“战”还是劝“逃”，实际上给对方带来的都是压力。我们要注意，当一个人有负面情绪时，最需要的其实是被理解，而不是给建议。

**第二步：解读对方的关键词**

有人有这样的疑问：“为什么我只会谈事情，但不会聊天？”

谈事情围绕着目标、方法、路径，双方主题明确，目标一致，因此是很容易学习和掌握的。但聊天往往没有明确的目的，很多人不知道结束当前话题之后，还能再继续说些什么。

这种情况下，不妨尝试在两个人的聊天中，用解读关键词的方式令沟通继续进行。

比如，当出现新的名词的时候：

A：阴天终于结束了。

B：出太阳了。

A：有阳光了，对植物很好。

B：你喜欢绿植？

A：我喜欢花，但不太会种花，我种的茉莉花也死掉了，现在养的多肉植物比较多。

B：有的植物喜阴不喜阳，我给你推荐一个有关种植知识的花卉论坛，我周末还可以陪你去花卉基地，重新选一些你喜欢的绿植。

在如上对话中，B 抓住的最好的关键词，是在 A 说“对植物很好”的时候，他抓住了“植物”这个话题，展开了新的话题和对话。

因为当 A 从“阳光”过渡到“植物”的时候，极大可能是想到了自己感兴趣的事物，当这个事物出现的时候，B 沿着这一条线索聊下去，是一定不会冷场的。

再比如，对方的聊天中出现连词。

没有抓住关键词：

A：你春节回家是买车票还是开车回去?

B：当然是买票。

抓住关键词：

A：你春节回家是买车票还是开车回去?

B：我是买票回家。你是不是没决定好怎么回去?

A：是啊，还没想好。

B：你难以决定的原因是什么?

A：开车太累，而且我还养了一只猫。

B：要不要考虑宠物店?

A：我整体考虑了一下，首先从成本来说……

抓住关键词“是……还是”这个连词，就能够找出对方情绪背后的故事——他多半是自己在犹疑不决。

**第三步：解读对方的意图**

抓住动词，解决对方的意图。

比如，一个很长时间都不购买你产品的客户忽然前来询价："我要换新的供货商，原来的供货商发货出问题了。你们的最低报价是多少？"

有的销售人员会马上给最低价格。

但是理性和成熟的人员，会和这位客户聊一聊，再决定下一步的行动。他会说："更换供货商对我们来说是个机会，但我想了解，您原来的供货商发货出了什么样的失误，让您下了这么大的决心更换供货商？我们在后续合作上，也要多注意这方面的问题。"

在如上的问题中，抓住动词"更换"，表明销售人员要对合作情况进行摸底，要搞清楚这名客户询价，到底是打探价格，还是真要谈合作。

当客户给出了他的解释之后，销售人员通过分析对方的应答，再做好报价的策略，这才是周全的应对方式。

## 沟通式赞美：不着痕迹的赞美才动人

有一些朋友说：我赞美别人的时候，除了说“太好了”“你真厉害”，就不知道还可以说什么了。

还有一些朋友问我：“为什么赞美别人的时候会有一些羞愧感，不好意思说出口？”

对于第二个关于“羞愧感”的问题，经过我的观察，我发现带着功利性目标的时候，人容易对赞美“难以启齿”。

其实大可不必，生活在人类社会，一求生存，二求发展，我们不妨把功利性这个词替换成“目标性”，带有一定的目标去交际他人，是每个人再正当不过的需求。重要的是，你的赞美不能虚情假意，动作变形。

想要让赞美自然，就可以使用“沟通式赞美”。

沟通式赞美让你远离说“太好了”“你真厉害”等语言，

既能够提升你的语言表达能力，又能提升你的思维能力。

“沟通式赞美”对于性格内向或者外向的人都非常适用。它不是一句简单的语言，也无须夸张的表达，只需要在保持沟通的状态下，说一些最自然的话，让对方感受到你对他发自内心的认同。

沟通式赞美的原则如下。

第一个原则：避免过早下结论。

比如，你的朋友是一位设计师，他做了一个很精彩的设计，利用人工智能的元素将一个普通的产品设计得极具科技感。这时候你很想表达赞美，就有可能出现如下的语言：

赞美A：

你设计的方案真棒！

（这种结论性的语言只要一说出来，意味着情绪到达了顶峰，基本宣告沟通结束，后面的话只能越来越平淡。）

赞美B：

你是怎么想到用人工智能的元素进行外包装设计的？

（沟通会继续）

赞美 C：

这个设计和你以往的设计相比，除了选择元素之外，在设计的理念上有什么不同？

（沟通仍会继续）

赞美 D：

有没有人说过一看到这个设计，就感受到了你的匠心？即便是一个小图形，你也在平面上创造了立体的视觉空间。

（这个问题充满技巧，如果对方回答“你是第一个”，他会把你当作知己；如果对方回答“客户第一眼就发现了”，你也可以继续就客户的话题聊下去。）

再比如，你的客户写了一首诗。

如果你直接下结论，说“您真有才华”，也基本意味着沟通结束。但如果你找出关键词所具备的象征意义和客户展开讨论，甚至是询问他创作这首诗的背景，对客户来说，都是一种更好的赞美。

第二个原则：赞美“外在”也等于赞美“内在”。

理性上我们明白，一个人的外在不等于内在。一个人拥有什么，不等于这个人的品质和性格；一个人有什么样的技能，也不是一个人的全部；一个人的经历，也并不能等于他的价值。

但在随意的聊天中，赞美外在也会给对方传递一种积极的信号。

首先，赞美对方拥有的事物。

比如，赞美对方的故乡意味着示好，赞美对方的职业意味着赞美对方的能力。

就算是一个人再没有故事可谈，他也总有故乡，你可以从意图、变化、记忆点这三个方面来问他。

意图：

你为什么来北京的？

变化：

北京和四川的生活节奏差别大吗？

记忆点：

四川的什么菜最好吃，在北京还吃不到？（让他说出对家乡事物的美好怀念，感受到你对他的赞美。）

其次，赞美对方的能力。

可以留意沟通过程中那些可以赞美对方的机会，比如，听对方聊他自己感兴趣的一件事时，你不仅要倾听，还要找出他为什么研究这些，可以问：“你是怎么懂这么多的？”

当你有了这种疑问之后，对方可能会给出一个精彩的故事。这样的结果就是你们的关系又推进了一小步，既不涉及个人隐私信息的交换，也不算交浅言深，在安全距离中加深友好的感觉。

其实，在任何时候，当你发现对方对某一个问题颇有研究的时候，都可以问这个问题：“你为什么懂这么多？”

最后，赞美对方的经历。

当我们感到无话可说的时候，记住，在一件再普通不过的事情中，往往也存在着意图、变化、记忆点。

比如对方刚从意大利回来，你仍然可以从这三方面赞美他的这次旅行。

意图：

“为什么想去意大利？”（对方会说起自己独到的

审美和安排。）

变化：

意大利和其他的欧洲国家有什么不同？

记忆点：

在意大利你经历的最有意思的事情是什么？

以上的方法，虽然没有直接针对对方的内在进行表扬，都是在外围敲敲打打，但是你友善、赞美的信号，已经通过这些声音传到了对方的心里。

第三个原则：挖掘过程就是表扬结果。

比如，肯定工作难度就是赞美。

赞美通常有一个原则，就是赞美要及时。虽然晚来的赞美显得力量薄弱，但是我们要记住，赞美即使来晚了，也要让它到来。

有一次我去国外出差的时间很久，我们团队中有一个工作不久的同事，克服了很大的困难，完成了一项很漂亮的工作，得到了大家的表扬。

当我回来的时候，这件事情已经过去了一段时间，但是我觉得依然要有赞美和表扬，只是我不适合再用初次听到这个消息时的语言来鼓励他。

于是，在一次开会讨论案例的时候，我提到了他的这个项目的难点在哪里，是什么支持这个年轻人克服这样的困难。

当我说到这个案例难度的时候，我看到了他的眼神，充满了被认同、被认可的喜悦！

不论是在聊天还是在团队管理中，我们不要只会说“太好了”“你真棒”“你真厉害”等空洞的语言，要学会让赞美在沟通中升华，在沟通中自然地表达出对他人的认可和欣赏。

# 控制聊天时的空间距离

如果一个人看起来很会聊天，态度亲切友好，但他在和对方聊天的时候，与对方却保持着较远的距离。那么，对方能够感受到眼前的这个人是真心实意的吗？

答案是不会。

语言信息固然重要，但一个人对于交往的态度是接纳还是拒绝，是关心、体贴，还是戒备、排斥，会通过他的行为举止表达出来。好的聊天，永远不只是语言的交流，而是语言和行为配合起来进行的信息传达与互动。

## 空间距离能够决定心理距离

我们每个人都渴望得到对方的接纳，空间距离有时候也能决定人们的心理距离。当对方靠近你的时候，物理距离的接近会在一定程度上让你感受到亲近和友好，同时，也意味着对方对你这个人的接纳。所以，我们发现，在很多正式的场合，人与人之间依然保留着握手的习惯，在这个小小的动作中，透露的是，我握你的手，接触你，代表我也接纳你整个人。

在商务合作中，为了让整个过程更稳妥，我们通常在见面时会握手，分别时会赠送礼物，这都是在拉近空间距离，从而制造出一种融洽、亲密的氛围。

赵总有一位很得力的助理小李。小李虽然学历不高，但跟随赵总工作多年，她刚认识赵总的时候，还是生产车间的业务专员。

当时，赵总的企业需要紧急生产一批模型，所以亲自去车间看样品，而接待赵总的人就是小李，小李提出可以安排车来接赵总。可赵总坚持自己开车过去，认为这样更方便。

那时候，导航还不是很发达，小李居然在赵总出发之前，坐公交车到了赵总的公司，亲自给赵总当路导，帮助赵总节约时间，更便捷地到达工厂。

小李当时并不会开车，她坚持坐在副驾驶，和赵总团队的工作人员一起前往工厂。小李在车上并没有和赵总过多交谈，但她看到赵总当时穿的衬衫的衣领是翻起来的，就很自然地和赵总打了个招呼，并提醒赵总调整一下衣领。

赵总笑着说："小李，这件衣服的衣领就是设计成翻领样式的。"所有人听了都开怀一笑，气氛变得很愉快。

赵总团队的人都说，从来没有看到过老板这么放松自如的样子。这一次妥当的工作安排让赵总看到了小李的沟通能力和工作能力，所以诚意邀请小李加入自己的商务团队。

恰当接触对方，不只是年轻小姑娘的专利，商界的老大哥们也常常用这样的方法来释放亲近的信号。

我有一位早已实现了财务自由的朋友，他早已不必依靠对别人示好来实现自己的事业理想了，到达了"我若示好，必是真心，而非必要"的境界，但他从来不会给人一种距离感。凡是和他接触过的人，常常会不自觉地陷入一种感动，而大家似乎又说不清这种感动是从何而来。

后来，经过长时间的接触和观察，我意识到，他用自己的一些动作，证明了自己对人的真诚和热情。

比如有一次他和合作方开会，对方团队里有一名非常年轻的成员，有种稚气未脱的感觉。正值北京春天，开完会离开时，杨絮飘落在这位年轻小伙的西装外套上。

去电梯道别的时候，老大哥不仅亲自送所有人到电梯门口，还随手轻轻地把这位年轻小伙子衣服上的杨絮拍打了下来。

这个小小的细节，映照到不同的人，大家产生的心理反应都是不一样的。在对方团队的老板心中是一种谢意，在这个小伙子的心中是一种暖意。在暖意和谢意的包围下，这位老大哥收获的就是一种真实的敬意。

运用恰当的接触，不仅可以推进关系，还可以作为聊天信息中的一部分。比如，当你来到下属的身边，下属为了表示尊敬正要起身，而你只是要交代一句话，只需轻轻地把手放在他的肩头，示意他不用起身。这种不夸张的动作一定会拉近心理距离。

这种接触发生在两位女士之间，更加明显。两位女性并不需要千言万语来表明自己和对方是好闺密，在放松且随意地挽起对方胳膊的那一刻，就验证了彼此的姐妹之情。

## 陌生人之间，用上臂接触迅速拉近距离

心理学家做过一项研究：实验人员要求被参与者签署一份申请表格，最终通过上臂接触这个动作，使得被参与者成功签

字的概率从 55% 上升到了 81%。而在街头做问卷调查的结果显示，发生过两次触碰的人比接受一次碰触的人更愿意配合，而当男性被女性触碰的时候，效果则更加明显。

这些听上去似乎有点不可思议，仅仅是通过上臂的触碰，哪怕是没有看到对方，我们也能够比较精准地感受到愤怒、恐惧、开心和同情等情绪。

这是因为身体的触碰是一种非语言的人际交往行为。通常情况下，我们不会轻易和别人，尤其是和陌生人发生肢体接触行为，因此一旦发生接触行为，就很容易给对方留下一个较为深刻的印象。在我们的潜意识当中，会认为手肘附近的肢体属于公共空间的范畴，不属于私密的个人空间，因此当适当的触碰动作发生时，一般不会产生反感或者抵触情绪，反而会提升对彼此情绪的感知力，也就是会对对方产生好感，这是本人难以察觉到的。

## 肢体接触要适度

需要注意的是，无论怎样的肢体接触，都要在一个适当接触的大前提之下进行。比如，用手肘触碰对方时，最好不要超过三秒。长时间触碰不仅不会让人产生好感，反而会因此引起对方的警觉，激活对方的心理防御机制，给对方一种边界被侵犯的感觉。

对于不熟悉的人，我们会有一种防备心理，这很正常，所以不要试图一下子把关系拉得很近。比如，你刚认识某个人，就跟着别人喊他的昵称，或者勾肩搭背，肯定不合适，这样会让人家觉得你太轻浮。

心理学上有一个关于自我空间的概念，也就是每个人都有维护自我空间的意识，当别人侵犯了我们的自我空间，我们就会感到不安和愤怒。所以，在人际交往的过程中，肢体接触一定不要过度。

人类学家爱德华·霍尔把人际距离分为四种，对于不同的关系，我们的肢体接触距离是不一样的。

第一，是亲密距离。它的范围在 0 ～ 15 厘米之间。比如情侣、闺密之间就是这种距离，也就是我们常说的“亲密无间”。当一个不属于这个亲密距离的人随意闯入这一空间，是非常不礼貌的，会让人感到很不舒服。比如在商务合作中，我们轻轻地碰碰手臂、拍拍肩膀就够了，而不能随意拥抱，太过亲昵。

第二，是个人距离。它的范围一般在 46 ～ 76 厘米之间，我们可以亲切地握手，友好地交谈。一般来说，跟比较熟悉的朋友，我们可以保持这个距离。

第三，是社交距离。社交距离的范围一般在 120 ~ 210 厘米，是在正式的社交场合使用的一种礼节上的距离。

第四，是公众距离。它的范围一般在 3.7 米之外，这是公开演讲时，演讲的人与听众所保持的距离。

当然，无论什么距离，我们都可以通过握手、拍拍肩膀、碰碰手臂，或者帮对方拿掉落在衣服上的树叶、头发等，来表达我们的热情和友好。

## 掌握节奏，让话题停留在安全范围

人与人之间天然隔着一条河流，在河流的两边，每个人的阅历、背景、经验都不相同。想要到达对方那里，不仅需要合适的工具，也需要把握恰当的节奏。

工具是指一个人将使用什么样的船只，帮自己把想法稳妥地传递给对方。节奏是你将以什么样的速度传递信息，才能让对方感觉到善意而不突兀。

我们所选的船只一般是聊天中的安全话题。

这些安全话题有宠物、健身、房价、天气、交通、明星、读书、体育、美食、旅游等。

找到这些安全话题后，以什么样的方式来推送信息，是每个成年人都要掌握的技能。毕竟再安全的船，如果驾驶不慎，也会翻船。

以美食话题为例。

A：这家网红餐厅的环境不错。

B：我已经搜索到好评度最高的几个菜了，点菜的时候可以尝试一下。

A：你喜欢吃甜的还是咸的？

B：我是北方人，对甜的菜品不太“感冒”。

A：咱们老板也是北方人，但我上次请他来这里吃饭，他点的菜基本偏甜。

B：你请老板来这里吃饭了？

A：我前段时间投资失败，申请了公司借款，所以单独请了老板吃饭。

B：……

在以上对话中，美食话题是属于安全范围的，起初两个人的对话内容也是安全的社交语言，但是由于其中一方突然改变了节奏，透露了敏感信息，反而将关系带入了一个急速旋涡中。

评价环境、点评美食都属于正常交流范围。接着谈到个人口味的好恶，已经将一个普通的同事关系推进到一个合理的亲近范围内，可增进对彼此的了解。如果话题控制在以上的部分，就能保持很舒适的氛围。

但随着自我透露“请老板吃饭”“个人投资失败”，非但没有体现出对对方的信任，反而因为节奏的急速推进，让对方不明就里地被推到了一个需要表态的位置上，令人紧张、局促。

再好的话题，程度的深浅也需要适度把控。例如，个人弱点、负面信息、隐私、情感等，都天生带着一种快速拉近或者推远关系的特质，容易让话题进入死角。

请看以下对话：

A：这里的风景真不错。

B：是的，下次我们可以考虑带家人来这里旅游。

C：如果选择在旅游淡季，可以节约不少费用。

A：是的，上次我就选了一个淡季，带着全家人来过，省了三分之一的费用。

B：现在比较严格了，我以前用过同学的导游证，去一些景点的时候根本不用花钱。

在以上对话中，旅游话题也是安全话题，适当地坦露自我和家人的话题也能增进亲密关系，但是问题往往出现在总有人

“过度放松”，将自己的一些错误行为“不以为耻反以为荣”地进行炫耀式的流露，令听到的人感到尴尬。即便对方不流露出尴尬的表情，内心也会对这种自私自利、弄虚作假的行为产生排斥。

在聊天时应该如何掌握节奏？哪怕话题不小心进入雷区，也要以合理的节奏控制住给对方造成的负面影响。

比如，A 在采访时，需要提及 B 一件难以启齿的事，如果直接、快速地把话题牵引到事件中心，不但会引起 B 的愤怒，A 也根本得不到答案。所以 A 询问了这样一个问题：“在我们遇到挫折时，每个人应对的方法都不一样，在你遇到挫折的时候，你是如何挺过来的？”

这种铺垫式的聊天以一种关心的方式营造了良好的氛围，能消解 B 内心的不安，聊天也得以有机会继续推进。

当别人递过来一个踩雷的话题，我们也要能够得体地回应，要用合理的节奏将对方的话题驱赶到一个安全的范围内，禁止过度刺探，又不伤感情。

比如有人问：“你这么大年纪了，怎么还没有结婚？”

如果这样的话题是亲友问，大可不必因此和亲友反目成仇。我们不妨从情绪上理解对方，并用一个稳妥的回应方式，让对方止步于此即可。

可以这样说："您关心我，我明白，不过这件事儿我一时半刻也说不清楚。唉，我最近工作压力很大。"

这样，你就成功地把话题带到了工作上。

在聊天中，好的节奏就是要以慢制快，循序渐进，以对方对信息的接受度来调整话题的节奏。必要的时候，还要站在对方的角度，用对方的经验来说话。

比如，劝农业生产者参加网络销售，可以这样说："您是种果树的高手，当然知道果树的生长规律，只有满足农作物生长的条件，才能收获又大又甜的水果。我们卖东西也一样，市场也有一定的规律，现在人们生活方式发生了很大的转变，很多人不再去水果店买水果，而希望水果能从田间直接到餐桌上。这种情况下，我们可以改变一下水果的销售方式，提高收入……"

这段话既没有提及个人隐私，也没有故弄玄虚，还能在安全范围内体现一种亲近感和可靠度。

## 反馈技巧：用巧妙的反馈掌控对方的情绪

别人如何对待你，和你如何应对别人的对待有很大的关系。

我曾经和一位朋友讨论过一个问题：有人插队的时候，怎样的语言是最强有力的。我的朋友提供了一个很有意思的观点，他说："最强有力的语言就是对插队的人说'插队可以，但别挡在我前面'。"

这句话为什么有力量？这句话仅仅是做了一个自我的表达和对自己权利的捍卫，没有对对方进行人格上的否定，却又真实地捍卫了自己的个人利益。

这句回应乍听起来未必是最聪明的回应，因为有些读者内心的道德感会追上来问："这么自私的态度，是正确的吗？"

关于是否自私，我和这位朋友的观点是，如果没有人软弱，都用不畏惧的态度来应对这种情况，那么自私的人会越来越少。

别人如何与你说话，也和你对别人的反馈方式有关。

心理学上有个概念叫“情绪按钮”。每个人在心理上都会有一些不安全的区域，这就是我们的情绪按钮，如同情绪的开关控制着我们的开心、忧伤、愤怒、平静、委屈等。一旦这个按钮被触碰，就会瞬间引爆人的情绪。在生活中，我们常常看到两个人仅仅因为一句话就起了冲突，这是因为不小心说出的话，恰巧按动了对方的情绪按钮。通过如下几组对话，我们感受一下不同的反馈是如何引导事情走向的。

**场景 A**

**初级对话**

A：你刚才把水洒地上了，还没有擦干净。

B：没擦干净，你不能擦吗？我又不是故意洒的。

A：……

**中级对话**

A：你刚才把水洒地上了，还没有擦干净。

B：的确没有擦干净，我再擦一遍就是了。

A：……

**高级对话**

A：你刚才把水洒地上了，还没有擦干净。

B：幸好你看到了，你没有滑倒吧？

A：没关系，我来擦一下就好了。

**场景B**

**初级对话**

A：你做的菜煳了。

B：你会做菜，你怎么不做？

A：……

**中级对话**

A：你做的菜煳了。

B：是煳了，本来火候就不好把握。

A：……

**高级对话**

A：你做的菜煳了。

B：看来下次我要多注意，这次的菜还能吃吗？

A：没关系，把不能吃的挑出来就可以了，整体味道还是不错的。

**场景 C**

**初级对话**

A：你迟到了。

B：路上堵车。

A：……

**中级对话**

A：你迟到了。

B：我向你道歉。

A：……

**高级对话**

A：你迟到了。

B：你等得急了吧，饿了吗？

A：还好，我们去吃饭吧。

以上三个场景在我们的生活中很常见，不同的对话方式也很常见。我们来分析一下，B 的反馈方式会带来怎样的效果。

初级对话中，B 在反馈时用的是攻击性语言，对 A 的质疑表达了强烈的反感情绪。

中级对话中，B 能够客观地认可现实，这种反馈不会让对方的不良情绪加重，但往往会让话题终止，让对方感到尴尬。

高级对话中，B 的反馈既能表达出对客观事实的认可，又能体现出对 A 的关心，不但没有引起对方的反感情绪，还以春风化雨般的方式，改变了整个对话的走势。

这是因为，B 能够洞察对话的本质不仅仅是语言上的交流，还有情绪上的互动。我们在与人沟通时，不仅要谈论客观事实，还要判断你反馈给对方的信息，会给对方带来怎样的感受，是会拉近关系，还是会产生冲突。

也就是说，我们在与人聊天时，要了解他人的情绪，避开对方的情绪按钮。如果你认为当你开口之后，对方可能会出现生气、不满、委屈、敌对的情绪时，最好收住到嘴边的话，换一种表达方式。

如果你能够用心体会以上三种模式的对话的不同，就能学会用正确的反馈来改变关系的走向。

在合作中，我们设想如下场景。

你的一位同事进行了一场宣讲，你听到其中有逻辑混乱的地方。

你可以站出来说："我反对你……"

还可以站出来说："我补充一下……"

当你使用这两种不同的反馈方式时，你给同事的感受和信息是完全不同的。

如果你进行了一场宣讲，把自己设计的 A、B 两个方案的利弊都翔实地呈现了出来，你的本意是为了更全面，但是你的同事提出了一个尖锐的问题："你讲了两个方案，但我想知道，到底哪个好？"

你可以做第一种反馈："我就是不知道哪个好，才都讲出来。"

也可以做第二种反馈："我个人当然喜欢 B 方案。"

第一种反馈的弊端在于，你似乎因为没有自己的态度，才做了两种方案，有浪费大家时间的嫌疑。

第二种反馈的弊端在于，也许项目之初，不适宜呈现明显的个人态度。

其实你完全可以做第三种反馈："这个问题的答案，需要我们在行动中去寻找。"

通过以上案例，我们可以发现，我们在对他人进行反馈时的核心目的是：要体会对方的情绪，营造平等的谈话氛围，连接与对方的情感。

在职场面试中也是如此，我们可以用一定的反馈技巧来应对面试官，积极地调动面试官的情绪。面试时，不要一味地回答对方的问题，还可以问对方几个问题，激发彼此间的信任。

可以问："如果我能入职，需要我做什么？"但这个问题只是一个务实的问题，缺少一些格局。你不妨这样问："新闻上说……在这种经济形势下，对我们公司有什么影响吗？"

这样，你跟面试官的关系就不再是"你问我答"的单向交流，而是双向的互动。你们在信息反馈的过程中，进行了思想的碰撞，面试官对你的印象自然也会更深刻。

# 抓住和“关键人物”对话的机会

聊天的气氛常常是瞬息万变的。在一次聊天中，经常有很多能恰当增进情感的机会，如果错过，你可能永远不知道自己失去了什么。

所以，我们要时时刻刻保持觉察的状态，在对话中寻找线索和机会，为聊天制造惊喜。

我们先看一段朋友之间的对话。

**初级对话**

A：你好吗？

B：挺好。

**中级对话**

A：你好吗？

B：我很好，你有什么事吗？

**高级对话**

A：你好吗？

B：我还好，你呢？

如上三段对话中，初级对话意味着聊天的终止；中级对话至少可以保持聊天的延续；高级对话的好处是“心中有人”，并熟谙这样的一个道理——关心你的人，实际上正在等待你的关心。

**初级对话**

A：你忙吗？

B：忙。

**中级对话**

A：你忙吗？

B：忙，但我抽空可以给你回信息。

**高级对话**

A：你忙吗？

B：忙，大概周五能忙完，周末你做什么？

如上三段对话中，初级对话意味着聊天的终止；中级对话至少可以保持沟通的延续；高级对话的好处是“找到下一次接触的机会”，并且利用了这样的一个道理——询问你的人，也在等待你的询问。

除了日常聊天之外，在你的工作中，时时刻刻都可能会遇到某一个决定你未来的重要人物，珍惜与之谈话的机会，就能挖掘到珍贵的信息。

我们对比一下如下两段对话。

**第一段对话**

老板：你知道 ×× 直播吗？

初级回答：听说过，挺火的。

对话结束。

**第二段对话**

老板：你知道 ×× 直播吗？

高级回答：我去了解一下。

高级回答的背后，需要的是思考和行动——老板为什么突然关注直播，我们自己公司的产品是否也可以通过这种机会来进行销售，如何想办法和主播接触一下……

基于大量的行动之后，可以进行类似的反馈：“您上次和我聊到的直播，我已经找到了对接人的联系方式，对方的合作模式如下……合作的收益，主要分为经济收益和社会影响力。如果按照 A 方案，我估算的收益情况会是……”

我们要珍惜每一个和关键人物聊天的机会，要“用心”聊天，而不是“用嘴”聊天。

小张大学毕业后入职一家公司。有一天，他的直接领导因个人原因离职了。

此时正巧赶上出差，公司两位掌舵人李总和武总对小张说，她们俩计划去某城市的一家公司考察项目，想进行投资。既然小张的领导不在，就让小张陪同。

领导传达的只有短短几句话，小张知道，他不可能再去向领导了解更多的信息了。为了能更好地完成任务，他只能自己加工和分析信息。

他考虑到两位领导都是女士，自然会穿比较个性化的衣服，而自己作为随行人员，代表的毕竟是公司的形象，所以准备好了正装和方便参加酒会的衣服。

上飞机前，小张将对方公司的情况，包括对方的创始人、公司成立时间、公司规模、公司管理人的基础情况等资料整理好，并打印了两份送给两位领导。

两位领导接到资料的时候，表情依然是淡淡的。

到达对方公司后，双方开始开会。会议中，小张做好了会议记录。晚上，当小张去给领导送会议记录的时候，主动提出想要聊聊自己的会议记录。

听小张这么说，两位领导欣然一笑，说："那就聊聊吧。"

没想到三个人坐下来之后，小张根本没有聊会议记录。他明白整理信息的作用是分析信息。不过小张没有只分析会议，而是从对方接待人的职位、对方招待的规格分析出对方的诚意，从而推导出项目的投资情况。

两位领导在看似放松的情况下和小张聊天，但谁都没有对小张说的话表态。但是后来发生的事情，一次次验证了小张合理的分析，小张并没有扬扬自得，还是能够稳重得体地应对所有情况。

在这次出差中，小张的每一次精心准备、每一次聊天时的恰当自如、对每一件事的妥当应对，都在不断地给他加分。

这次出差回来，小张在公司里负责的任务开始越来越多，靠着良好的能力得到了领导的重视。

如上案例中，我们可以通过分析，得出小张和领导沟通时的三个要点。

第一，在聊天之前，要有充分的准备，为领导准备好他们可能感兴趣的信息。

第二，在聊天中，不但要引起对方的注意，还要在领导没有表态、没有反馈的情况下，坚持正确地做事。

很多人都有这样的一个特点，那就是聊天的时候需要对方进行积极的反馈，需要对方配合自己调动氛围，否则就会方寸大乱。有时候，留意对方的表现的确是个好习惯，它有助于我们调整聊天的节奏和话题，但是这条原则并不适合和领导汇报工作。因为谨言慎行是作为领导者的习惯，他们往往不能太早流露自己的想法和思路。在这样的情况下，一个真正的职业人不能消减自己的热情，不能因为领导没有反馈就仓促地结束汇报，更不能时时都需要领导的表扬才能继续工作。

第三，在聊天结束后，还要能说也能做。领导们喜欢表达能力强的人，同时，更喜欢能把事情做好的人。小张对工作的判断和洞察，绝不是“纸上谈兵”，他也用出色的工作成果验证了自己的想法。

以上聊天方法的背后，还需要有聊天的心法。

我见过不少同事，在电梯里或者在其他场合，只要见到领导就很不自然，既不能接话，也不能主动和领导聊天，甚至在领导主动聊天时，还会低下头，或者置若罔闻。不论是“不知道说什么才好”，还是“不好意思打扰领导”，这样的行为都是不可取的。

我们不要拒绝和优秀的人接触和讨论，要记住这样一句话：靠近谁，你就会像谁；你像什么，就会说什么；你说什么，就有可能做什么。

和领导从容地聊天，是职业人的必备能力。

## 表扬自己＝认可别人

人与人之间为何会出现一见如故的情况？

我相信，一定是有一些信息穿透了时间，在两个人之间形成了化学反应和电流。

一个人最爱的人是自己，有时候还会爱屋及乌，也就是对那些像自己的人产生好感。人际关系中，有一种“相似效应”，指的是在芸芸众生中，我们总会对那些与自己志趣相投的人产生兴趣。如果你和一个人在人生态度、个人价值观以及精神追求、兴趣爱好等方面相似，你们很容易相互吸引。

我们可以很好地将这种现象运用起来，为自己建立良好的人际关系。

我认识一位合作方小陈，他的经历就很有意思。

几年前，小陈带着自己心爱的小提琴开始了一场旅行。他的初衷并不是演奏，而是想让陪伴自己多年的小提琴感受到中华大地美好河山的不同气息，当然，也是想让自己通过旅行散散心。

他辗转来到四川某个偏僻的山区，有几个山区的姑娘被小提琴吸引，于是小陈为她们演奏了几首曲子。

音乐的旋律打动了自驾游到此的吴总。当人群散去，吴总主动找小陈聊天，从音乐开始聊起。音乐是世界通用的语言，可以跨越沟通障碍，还可以让心灵产生连接。

聊到兴致高涨处，吴总又问到了小陈的职业。当他得知小陈是一名销售，略微感到吃惊。因为在他的印象中，从事销售工作的人往往踏实肯干，似乎和带着小提琴去旅行这种浪漫的行为大相径庭。

吴总问小陈是如何理解销售这个工作的。

小陈顺着吴总喜爱的音乐话题来聊自己的工作。他说："音符是刻板的，但音乐能表达流动的情感；同样，销售工作看似每天要处理的都是一板一眼的问题，但在与客户交流的过程中，会发现销售也是一门艺术。谈判的节奏，往往并不是完全由自己掌握的，我们还要了解对方内心的想法，研究客户的真实需求，再调整自己的节奏去服务对方。销售人员对产品的信心，就像一个演奏者对一段旋律的信心。好的音乐在打动别人之前，一定是先打动了自己，经过千百遍的练习，才会演奏给别人听。而在销售中，也只有自己了解产品的价值，才能以虔诚的态度去打动客户……”

吴总与小陈相谈甚欢，成为忘年交。旅行结束之后，吴总将自己的朋友介绍给小陈，帮助小陈签了职业生涯的一笔大单，也成就了他人生的第一桶金。

在这个案例中，小陈仅仅是靠会聊天就打动了吴总吗？这背后的原因到底是什么？

因为吴总在小陈身上看到了自己的影子。吴总年轻时也爱玩乐器，只是责任在肩，他作为公司的老大，深知在商海中不进则退，无奈地放下了自己的爱好，专心经营公司。然而，他内心一直无法真正放下音乐，这也成了他的心结。当吴总听完小陈的故事后，吴总对自己曾经放弃的爱好有了新的认知——经营也是一门艺术，也是一种音乐。

我认识很多经营企业的朋友，他们所选择的助理和重要的合作伙伴，往往都是那些和自己早年经历相似或者人格品质相似的人。

这里并不是教年轻人投其所好，或者工于心计，而是我们每个人要学会提炼自己的亮点，展示自己的亮点，这样你才会被与你相似的人看到。

再举个例子。我曾经任职的一家公司，有位同事擅长书法。他本来是一名普通的基层员工，但是当他的领导知道他练习书法多年之后，特意问他：“你爱练毛笔字？”

同事回答：“周末基本都会写一写，虽然工作中用的是电脑，但是写毛笔字还是挺锻炼耐心的，所以我就坚持下来了。”

这位领导常年坚持跑步，非常喜欢能够坚持的人，他认为一个人的自信不来自学历，也不来自家庭背景，而是来自自律。所以，公司后来有个很重要的岗位缺人，领导第一时间就想到了这位同事，当然，这位同事也胜任了这个岗位。

对于很多年轻人来说，赞美或者说表扬领导是一件十分困难的事情。

这其中的难度体现在：

第一，表扬也是需要有资历的，领导表扬下属是鼓励下属更好地工作，下属“表扬”领导却是一种“不知分寸”。

第二，向领导示好，尺度不好把握。过于直白，容易被认为是“谄媚”，即便我们可以不在乎别人的目光，却不能忽视自己的言行给领导造成的影响。

第三，有的领导并不愿意与下属拉近心理距离，下属的示好容易给这样的领导带来某种情感压力，效果适得其反。

其实，如果下属能够通过肯定自己和领导相通的品格，来间接称赞领导，就会规避以上的难点，令双方的关系舒心和自然。

这样做就需要你自身有一定的优点，需要你也有值得称赞的品质。另外，你需要对你要赞美的人有比较深的认知，之后，你才能对自己的优缺点进行一个扬长避短的展示。

当你如实表扬自己上进的时候，就是表扬曾经上进的领导。

当你如实表扬自己有原则的时候，就是表扬做事有原则、立场坚定的领导。

当你表扬自己爱读书的时候，就是表扬一向爱读书的领导。

最后，在运用这个方法时还要注意，你如果用一个苍白的表达方式，比如，“我的特点就是爱读书，读书让我掌握了知识”，这样的语言打动不了任何人。但如果你说：“我爱读书，每年坚持读三十本书，已经坚持了五年。我如果继续保持这样的阅读习惯，瀑布之下，必有深潭，十年后的自己肯定比现在更好。”

想想看，同样爱读书的人听到你这句话，内心会产生怎样的认同感。

当你想表达自己是一个自信的、不畏惧困难的、能够独当一面的人时，如果只说“我擅长一个人解决问题”，这样的话说出来非但没有力量，还会引起别人的误会，认为你缺乏团队精神。但如果你说：“我听过这样一句话，‘鸟敢于立在树枝上，不是因为相信树枝，而是因为相信自己的翅膀’。所以，观察市场环境，并有能力应对改变，是我注重培养的能力。”对方听到这句话，不但能引起共鸣，还会感受到你别具一格的文字驾驭能力。

## 将拒绝转变为合作

我们如何面对别人的拒绝，就是如何面对“自我”。

有一句话说，过度关注自我是万恶之源。比如在人际关系中，总是对别人抱有不切实际的幻想，认为自己的面子最重要；与别人聊天的时候，只把目光放在别人对自己的看法上，认为别人不应该拒绝自己，不应该排斥自己，不应该不支持自己，不应该否定自己……

应该或者不应该，不是我们单方面能够左右的，但是如何看待别人的拒绝，则是我们要掌握的心态。

Leo 是行政部门的主管，由于公司业务的交接，他所在的部门将一部分业务交接给了财务部。

Leo 擅长做工作流程的设计。一个周末，他与公司大老板在健身房相遇，聊天的时候，Leo 提到了自己偶然冒出的一个想法，也就是可以将工作流程进行优化，这样一来，不仅能很大程度上简化公司的运营流程，还能给公司节约一笔资金。

大老板听后，在周一例会上不但提到并支持 Leo 的想法，还暗暗批评了财务部不用心，指出财务部在接手新业务的同时，没有深入了解这部分的工作该如何改进。

这件事令 Leo 反思到自己犯了跨部门沟通的大忌，他并没有以一副“我一切都是为了工作”的态度来处理这件事，反而认为自己应该和财务部的主管刘先生做好沟通工作。

于是他找到了刘先生，想推进一下流程的改进措施。他一看到刘先生冷若冰霜的表情，就意识到自己的行为给刘先生造成了多大的困扰。

他和刘先生打招呼时，发现刘先生的态度非常淡漠疏离。

这时，Leo 有两种沟通策略：

**初级沟通策略**

刘总，上次真是不好意思，连累你被批评，我只是想把事情做好，没有考虑到给你造成的影响。请您多原谅。

**中级沟通策略**

刘总，真是不好意思，我之所以汇报老板，是因为这部分业务刚交给财务部不久，在我的印象里，它似乎还是属于我们行政部门的工作，所以我突然有一天想到如何优化流程，就向老板汇报了，是无心之过，请您多原谅。

**高级沟通策略**

刘总，老板请我们是来解决问题的，如果能把问题解决好，就根本没必要提前汇报。关于优化流程的事儿，我应该提前和你沟通，咱们一起把事情做好才是真，此次我做事不周请您多原谅。

我们体会一下如上三段对话，是三种完全不同的对话策略。

初级沟通策略的劣势在于，继跨部门沟通的大忌之后，再次把刘先生推向了自己的对立面。“我只是想把事情做好”，这种表达将“自我”放得很大，道歉毫无诚意，只显得自己是一个有理有据、有格局的人，反衬了对方既没有“做事的能力”，又没有“公正做事的意愿”，会将关系拉得更远。

中级沟通策略的特点在于，给了对方一个解释，从动机上让对方消解敌对情绪；不足之处在于，依然有“洗白自己”的嫌疑。

高级沟通策略的特点在于，没有强调自我的情绪，而是把对方的拒绝态度当作了一次对方想要沟通的邀请。能发出一种“我们是同一立场”的信号，也更加真诚地反思了自己做事错误的根本之处，不矮化别人，不拔高自己，所以是最佳沟通策略。

以上案例中，我们能够看到，一个不过分强调自我的人，就不会坚决地维护自我的立场，也不会对别人散发强烈的对立气息。

抱着这样的心态，即便在面对利益冲突的时候，也能够在沟通中如有神助。

Leo 对工作得心应手，老板让他协助管理好第三方的保洁公司，要说服一群不肯配合管理、不肯统一着装的保洁人员。

第三方保洁公司的主管此前进行过统一着装管理，但没有什么成果，所以当 Leo 来了之后，主管以一副“走过场”的态度来配合 Leo 去做保洁人员的思想工作。

Leo 接手业务之后，先检查了与第三方公司的合同，了解了对方的职权范围；之后，又对保洁人员的工作特点进行了一定的了解，比如保洁人员的年龄普遍偏大，文化水平不够高，等等。

Leo 请保洁公司的主管邀请所有保洁人员一起聊天。很多保洁人员带着不耐烦的表情来了，令他们惊讶的是 Leo 并没有认真严肃地开会，而真的只是聊聊天。

Leo 对这些年龄比自己大太多的保洁人员以“叔叔阿姨”相称，他并没有发布命令，而是主动打招呼，从容说出了两个“谢谢”：“我先谢谢各位叔叔阿姨准时都来了，我们不是开会，就是一起聊聊天。十年来，我们的知名度和竞争力越来越高，其中就有街区洁净所做的贡献，使消费者愿意到我们这里，我要谢谢各位……”

等所有人的神经都放松了，Leo 开始聊起了他的需求。他并没有对不统一着装的人提出批评，而是对大家说：“接下来我们要进行统一着装，如果哪位有困难，没有收到发放的衣服，可以把需求提出来，公司进行统一安排。”

就这样，在轻松的氛围中，Leo 成功地进行了一场聊天式的说服，把别人对他的拒绝，变成了一次友好的互动。

这次聊天，不仅说服了大家统一着装，而且在后期的工作中，这些保洁人员都非常愿意配合 Leo 的工作。

所以，当我们要对别人展开说服的时候，要学会把目光聚焦在双方真正的需求上，而不是过度关注自我，强调自己的正确性和价值感，把对方置于对立面。

## 让礼物替你说话

人们喜欢什么样的人?

人们永远喜欢自己，因为喜欢自己，所以在现实生活中，人们也喜欢那些喜欢自己、欣赏自己的人。你不妨回想一下，你之所以会对某个人有好感，是不是因为对方先表露了对你的喜欢?

因此，当你想要与某个人拉近关系，最直接的办法，是表达对他的喜欢。如何表达呢?我的建议是，与其一味空洞地对对方说“我喜欢你”“我欣赏你”“我们是朋友”，不如选择合适的时机，让礼物替你说话。我们可以去探索对方的需求，适时送一个礼物，这种用行动表达的效果，不输于万千言语。

比如，当有人帮了你一个忙，你不要仅仅用“请你吃饭”这种空洞方式表达感谢，而是可以恰当地送一个小礼物，来让对方看到你的诚意。当下人们的生活如此忙碌和紧张，在时间无涯的荒野里，让礼物替你说一句“你好”“我在乎你”，是一种比语言表达更有效的方式。

送礼物，也是要有技巧的，一定要注意一些原则，否则会弄巧成拙。

首先，礼物是越贵重越好吗？

当然不是。当大家越来越舍得为客户和朋友买礼物时，礼物是否贵重也就不重要了。在当下，最珍贵的是时间，所以，真正能打动人的礼物，往往是那些花了时间和心思的。因此，你是否愿意送给他人一些有时间含量的礼物呢？

大部分人在送礼时，其实都过于含蓄和内敛了。在重要的时间和重要的事件中，一定要让礼物充满稀缺性——要么准备一份对方平时舍不得消费的东西，要么空出你平常不舍得拿出来的大块时间。

因为只有这样的安排，你才能明确地传达给对方一个信息：我在乎这段关系。

我与曾经的一位老师交往甚密。这位老师不仅事业有成，对于文物收藏也很有心得，我常常去他家拜访，向他请教一些知识，每次交流都很愉快。

有一次，在和老师聊天时得到了一个消息：老师和师母要举办一个典礼。大部分办活动的人都明白，活动最需要的是人气，而不是份子钱。

一听到这个消息，我当即表示，当天我一定推掉所有的事情，到场祝贺。

听到这句话，师母立即意味深长地说：“平时我们家会来那么多人，大家带着各种各样的礼物，带着各种各样的需求，每个人都说得那么好听，虽说贵重的礼物我们也从来不收，但现在办个活动，就看出来谁是真热心了。”

这件亲身经历的事情让我明白，礼物的方式多种多样，有时候，你的在场就是最好的礼物，你本人比各种物化的东西都更能表达你的善意和热情。

所以，在聊天中，我们要学会发现这种“到场即为礼物”的机会。

还有很多人的苦恼不是送什么礼物，而是送礼物的时候，不知道怎么聊天。

送礼物的时候不会聊天，问题往往出在选礼物的时候没有为此做过准备。在准备礼物的时候，首先要弄明白目的性：我们为什么送对方这个。我们送出去的礼物，一定是源于对他人的观察和对他人需求的满足。

比如，送一位女性朋友美妆产品，一定是提前观察到了对方的特点，感觉这款产品很适合对方。

送男性朋友一件健身器材，也一定会提前明白对方的需求，才可以说："我买了一个健身小器具，最近用来健身，效果很好，感觉背不疼了。所以，我给您也带了一个。"

对待同事、朋友、领导，都可以在送上礼物的时候大大方方地说出自己的目的。

假设给领导送一条领带，你可以说："希望您领着我，带着我继续成长。"

以上提到的美妆产品、健身器材、领带，都是日常使用的物品。送礼物的基本原则——能供人日常使用，让对方用到它时，就会想起你。

当然，除了使用价值以外，还要敢于送对方意料之外的东西。比如，我有一个朋友，就送给她"素面朝天"的女助理人生中第一支名贵的口红。

这位朋友当时使用的语言和礼物，一定会在这位助理的人生中留下浓墨重彩的一笔。她说："你一定也可以成为一个精致的女生，这是你的第一支口红，但一定不是你的最后一支口红。我保证，未来，你会对此习以为常。”

朋友的话令这位女助理至今都很感动，因为对于大部分女孩子来说，只要拥有了自信，就什么都能拥有了。

我们还要注意的细节是，送礼时的语言一定要格外恭顺。

有一年中秋节前夕，我请一位年轻的同事帮忙去给一个合作方送月饼，令我意外的是，这个性格很好、交情也不错的合作方居然把月饼退回来了。

后来经了解才发现，我这位年轻的同事在送礼物的时候，仅仅是抱着一种“把东西送出去”的态度，因为不太好找停车位，他给对方打电话时是这样说的：“我开车来的，不方便停车，请你下楼来取一下东西吧。”

这样的语言不够恭顺，对方就会敏感，更不敢联想自己万一收下礼物之后，送礼物的人会变得多么倨傲。

最后我要分享一个巧妙的案例。

小张和客户陈总的关系一直不温不火。

陈总始终保持着一种礼貌、客气的姿态，从来都以拒绝的态度面对小张的礼物，这样的关系让小张很难开口提一些请求和帮助。

有一次行业聚会，小张和陈总在一起就餐。陈总问了一句："你懂话剧吗？现在有什么好的话剧？我对话剧真是一窍不通呀！"

恰巧小张懂一点话剧的知识，他顺理成章接下了陈总的疑问，后来给陈总送了话剧票。这次的礼物，令陈总不只是感动，而是喜出望外。

因为在聊天的时候，小张意识到陈总对话剧一窍不通后，开始关心这个话题，发现这绝不是无故的发问，而一定是对陈总很重要的一个问题。

果然，陈总想送给他的长辈一份恰到好处的礼物。

小张及时帮助陈总解决了问题，从那以后，陈总对小张再也不是点头之交了。

# 04

第四章

# 解决对抗：快速化解矛盾和冲突

## 策略性示弱：表现出“紧张”的态度

我认识一位资深记者，她做采访的能力很强，尤其在做一些商业采访时，常常能够在很多不善言辞的企业家那里采访到很多关键的内容。

她有个技巧，就是每次在聊天之前，都表现出一种微妙的“示弱”的态度。这样的态度对于整场采访来说，就如同是帮助运动员在比赛前做了个热身，让话题能够顺畅地进行下去。

如何表现这种微妙的“示弱”呢？这对于女性来说，就是恰当的羞涩；而对于男性来说，就是恰当的紧张。

我们常常认为，与人沟通和说话应该落落大方，“羞涩和紧张”是不好的表现，但是，在生活的实战中，我们发现事实未必如此。

女性所表现出来的恰当的羞涩，能够令谈话者在潜意识里植入一种感受，就是对方是一个略微有些内向的女性，自己应该表现得更加积极和活跃一些，这才能够形成良性的互动。

对于男性来说，无论是多么擅长演讲的人，在一些重大的场合都难免有点小紧张。这种恰当的紧张，往往能够让对方感觉自己被在乎，被尊重。

此处还可以举出一个和亲密关系相关的例子。大家想一想，一个男性见到心仪的人会有什么样的表现？对于大部分男性来说，在喜欢的人面前，难免会带着一丝紧张感，他会开始在乎自己的形象，审视自己的语言，约束自己的行为……所以，紧张的态度能够传递给人一种信号——“我很在乎你，我希望得到你的认可”。

反之，我们经常发现那种在谈合作的时候显得“特别会聊天”的人，表现出过分的热情，有时候反而将合作方不知不觉地“聊跑了”。

举一个例子。一名保险推销人员向一名软件工程师推销保险，这位工程师从周一到周五都在分析用户需求，从白天写代码写到日落，显然习惯了沉默、分析、思考。

保险推销人员感觉到了对方喜欢安静，所以他付出了更多的热情和活力来带动对方，表现得热络而周到。于是，软件工程师看到保险推销人员的“热情”，分析出这种热情是由一种巨大的利益所驱动。

软件工程师更加平静，他说了一句：“我每个月还房贷之后，没有多少余钱了。”

保险推销人员用更加热情的案例来激发这位软件工程师：“您知道吗？在我的客户中，还有很多是全职妈妈。您可以想想看全职妈妈的收入多么低，但是她们有保险的意识，这就是最重要的认知……”

软件工程师心想：“你的意思是想通过对比，讽刺和挖苦我不如全职妈妈的思想开放。你为什么这么打击我？你的目的还是这份保单。”

保险推销员最后失去了这一单。但令他没有想到的是，一位资历并没有自己深的同事却很轻松地拿下了这位软件工程师，完成了签单。

问题出在哪里？问题出在他太兴奋、太热络。他自己倒是表达得酣畅淋漓，将该说的都说了，但那种热情洋溢、语速飞快的推销方式，并不是对所有人都有效。

这位软件工程师在和保险推销员的同事签保险单时，对自己之前所“遭遇”的热情做了这样的评价：“上次给我推销保险的人，他根本听不见我说话。”

这正是问题所在。保险推销员因为太兴奋，只顾着自己说个痛快，却没有真正“听”到对方的心声。当软件工程师说自己“没有多少余钱”的时候，就是一个为对方量身定制险种的机会，而推销员却自顾自地跳到其他的话题，引起了对方的反感。

“紧张”真的是有效的吗？

是的，紧张的信号，在谈话中有重要的作用。很多时候，适当地表现出紧张感，能够让对方感觉到自己被重视、被尊重。

记得我第一次出国的时候，我用英语向美国人问路，对方回答的每一个单词都很简单，我全听得懂。

可是当我同事问我接下来怎么走的时候，我突然发现，由于刚才太高兴，感觉自己已经能够熟练地用英语和外国人沟通了，就只顾着自己表达，完全没有意识到对方在说什么，大脑好像不受控制地出现了空白——我听得懂单词和语法，却没听懂别人到底在表达什么。

这件事情也提醒我到底该怎么听别人说话，和别人沟通的时候，是该表现得游刃有余，还是保留一点适当的紧张。

但是我必须补充一点：这里所说的紧张，是“策略性示弱”，这种微妙的示弱是指与强势的人面对面沟通时，化解尴尬的一种技巧，是特意向对方发出一种“示好”的信号，而非真的要在谈话或谈判中让自己变得卑微，或者表现出妥协。

再举个例子，说明如何运用这种方法。

小李想要约张总沟通合作意向。张总的团队成员对小李进行了回复，大意是张总的时间比较紧张，这次合作希望小李来公司谈，张总会请他们的一位工作人员来负责沟通和记录，并承诺会如实将小李的意见反馈给张总。

小李衡量了一下自己手头项目的规模，认为这次合作中，张总才是真正的拍板人，与其他人沟通，效果会大打折扣。另外，如果竞争对手是与张总直接沟通，那自己就毫无胜算了。

综合以上分析，小李做了这样的回复：“张总的时间很紧，但我只需要半个小时，即便在机场候机，我也可以赶到现场。见了张总之后，我可以根据他的需求进行反馈，面对面交流，也能够彼此激发出更多的想法。当然，如果这次交流的结果很不理想，我也不再勉强您进行第二次邀约。”

小李坚持约见张总的态度是强势的，他只愿意和真正的拍板人张总进行沟通。他知道，如果他在这一点上妥协了，会很容易被竞争对手抢占先机。

由于小李的坚持和他合情合理的邀约，团队人员不得不安排小李与张总在一个会议前半个小时进行面对面交谈。

小李见到张总之后，表现得体大方，在见面之初还表露出了一些紧张和歉意，表达了对团队帮助安排时间的感谢。

张总并没有因为小李的坚持而产生反感，反而认为小李是一个行事周全之人。在该坚持的时候坚持，该示弱的时候示弱，这不仅仅是一种生存之道，还是一种重要的沟通策略。

## 改变发心，能解决一切棘手的对话

有这样一句话："发现水的，肯定不是鱼。"

鱼身处其中，对水的感受是如此自然，所以会熟视无睹。

就像很多人不明白，为什么有的人并没有刻意努力，但是机会就是围绕着他，这些人天生就如此好运吗？又或者，他们就是比别人擅长发现机会和抓住机会吗？

我刚做记者时还很年轻，常常在私下追问那些事业成功的人如何发现和把握机会。我得到了很多种答案，后来发生了一件小事，让我对这个问题再也没兴趣了。因为，我的内心有了自己的答案。

有一次出差，我去拜访一个重要的合作方。这个机会对我来说很重要，无论是出于经济利益还是社会影响，我都希望合作能够谈成功。

我坐在车上，手边是助理给我收集的一些资料。以前我常常会看一下资料，思考如何“公关”对方。

但是在一瞬间，我的发心突然改变了。我想，这个人既然对我很重要，可能是我生命中出现的一个贵人，那么，我能不能为他做点什么呢？

想到这里，我的焦虑好像没有了，不再感觉是扛着一个重大的任务去和别人聊合作，而是产生了一种去见一位师长或一位朋友的感觉。

初次见面，我就感受到了对方的直接，他开门见山地说：“这次我同意见面，确实是因为你的诚恳。但是小伙子，我要和你说实话，这次的合作，我已经答应别人了。”

如果换成我之前的状态，我可能会尽量保持面不改色，但是内心一定迸发出懊恼的情绪，陷入和对方的一种看不见的对抗情绪中。

但那次的拜访有些不同，因为我的发心变了，我看待这个人的态度也不一样了，我不会因为这一次错过合作，就感到失落。

我说出了以前从来没有说过的话：“周总，您说的我明白，我今天来见您，不仅是谈一个项目，我见到了您，就已经很满足了。您有您的考虑我能理解，我现在还年轻，以后还会有合作机会的。不过，我刚才一见到您……冒昧地问一下，我感觉您的身体状况不是很好，您一定要多注意身体。”

周总当时的表情有说不出来的复杂，令我终生难忘。我知道，他和家人的关系非常不好，为了事业和财富，他牺牲了太多陪伴家人的时间。

他马上就恢复了平静，淡淡地对我说：“我上个月刚出院，做了个小手术。”

我说：“周总，不论做了什么手术，术后恢复都是很重要的。我认识一位老中医，医术和医德都很高，我可以为您推荐一下吗？”

令我意外的是，虽然周总社会资源丰富，但在健康保健方面的投入几乎为零。听我说完，他没有拒绝，也没有接受，但我还是积极地为他联系了知名的老中医。

出差结束后，令我意外的事情发生了：我收到了一份待签约的合同，周总给了我这个机会！那一刻，我明白了，为什么很多人要付出巨大努力才能做到的事，别人只是动动嘴就能实现，这其中对机会的把握，不但需要眼光，还需要发心。有了正直的、为别人着想的心，才能说出真正打动人的话。

这件事给我最大的收获不仅是一份合同，还有我在对人对事态度上的改变。周总也因为积极地进行中医调理及加大对健康的重视，生活状态好了很多，心态也慢慢有了改变。

在忙碌和紧张的生活中，大家已经默许和认同了很多现象，比如时间和关心只能留给对自己利益相关的人，甚至只能留给当下对自己利益最相关的人。在一家公司，如果有两位同事在聊天，大部分人不会认为他们是基于心灵的沟通。尽管他们看上去是“没有目的的聊天”，不管这两个人聊的内容在起初听起来多么随意，最后总能落到利益上，或者聊到某一种具体的需求上。

即便是充满功利性的聊天，最好也要给人带来愉悦的感受。从这个层面上来说，聊天能力的高低，往往取决于对人态度的不同。

我曾经遇到一个棘手的对话。

我和郑老一见如故，所以郑老直接授权我接手某个项目。令人尴尬的情况是，这个项目以往一直都是他的一位老朋友陈女士负责的。

郑老已经做了决定，陈女士当然只能执行，但是对陈女士来说，这即便不是一种威胁，也是一种否定。她当然理解郑老是一位性情中人，但她对我免不了产生了对抗的情绪。

为了消解这种对抗，我本意想通过团队里的年轻人和陈女士沟通，因为多次听到陈女士在公开言论中对年轻人充满善意和赞许。

可是后来在谈合同的过程中，团队伙伴一筹莫展地对我说："张总，有好多合同条款，陈女士就是不答应。"

我想我需要亲自给陈女士打电话。

打电话之前，我告诉自己，陈女士是一位了不起的女性，就算在郑老的这个业务操作上，她有一些情绪，但是她对合同条款的质疑一定不会是无理取闹，只是她并没有对我的团队伙伴讲出来而已。

电话通了，我报上姓名之后，她的语气中依然是一副公事公办的样子。我问候了一句："您从 ××× 地区回来了？"

她说："我刚回北京，你怎么知道我去了 ×××？"

我并没有正面回答，只是对她这次行程的意义做了发自内心的赞美和肯定。我知道她出差是去做慈善，我对她说："我们以前大部分都是捐款，您不只是捐款，还去了实地支援和考察，您的付出不是常人能比的。"

这句话引发了陈女士内心强烈的共鸣，她非常激动地说："张总，这次出发前，很多人劝我说不用自己去，捐款尽到心意就行了。可是我在思考，到底什么叫作慈善？当然，我们可以说，把旧衣服放进小区的捐助箱也是一种善举，但我更看重的是，在我们有能力的情况下，更宝贵的方式是付出时间。付出时间，才是真正付出我们自己生命中最宝贵的东西。”

想想看，她当时带着怎样的心情对我倾诉这番话。这样一番对话下来，谈合同的难度自然小了很多。

后来陈女士说，这个合同可以送到她家，她最后看一遍就可以签署了。

这一次，我决定亲自送合同过去，因为对于陈女士来说，她内心对我“越权”的情绪也许还在，我想表现出对她的尊重，不想在最后一刻节外生枝。

送到合同时，陈女士突然问了我一句：“我写的文章你看了吗？你是通过我发的文章了解到我去 ××× 地区的事情吗？”

我回答：“是的。”

陈女士流露出一丝不易察觉的微笑，她接着问：“我文章里打动你的是什么？”

我听完后，指出她提到了一个孩子的故事。

陈女士认真地听着，她讶异于我不但不慌不忙地讲了故事，还能准确地将她本人的描述几乎完整地复述出来。

这一次，她放心地扫了几眼合同，顺利地签了字。在我离开的时候，她甚至把她这么多年和郑老打交道的经验告诉了我，她说："你是一个很实在的人，所以我要提醒你的是，郑老有个特点，就是喜欢一个人的时候能够捧上天，但是一旦意见不合，他会把对方劈头盖脸地说一顿。如果你和他在合作中出现了这样的情况，一定不要慌，这都是正常的。"

这件事情，又让我想到关于解决对抗的关键点——发心。

陈女士写的关于做慈善的文章并不是我一直在关注的，而是助理对我反馈情况之后，我突然对陈女士产生了好奇，所以才认真阅读的。其实，在给她打电话之前，我对于她的人格中向善的一面就已经有了信心和好感。

在一种充满信任的心理环境下，打电话如同与朋友聊天，而非上战场与敌人厮杀。前者带着期待与好奇，后者带着恐惧与伪装。产生的效果自然也完全不同。

我如此强调发心的重要，是因为发心的不同，会完全改变我们对同一件事情的定义。

有人问一位高人："你们提倡不杀生，但是，比如喝水，水里有微生物，甚至烧的木柴里还有虫蚁，这样看来，岂不是连茶也不能喝，连木柴也不能烧了？"

这本是一个难以回答的问题。

但是高人并不纠结于结果，他的回答是：“当你喝水的时候，心里想的是用水来续存自己的生命，还是想着我要杀死微生物？当你烧木柴的时候，心里想的是我要取暖，还是我要把木柴里的虫子全都烧死？”

无论在怎样的场合，当出现了高难度的对话时，一定是发生了高难度的矛盾冲突。这种情况下，我们首先要考虑的不是怎样与对方纠缠，而是要调整自己的起心动念，如此，才能够以不变应万变，轻松应对复杂的人际关系。

## 避免恶意假设，缓解对立情绪

我们在对话时，往往会预设对方有一个立场，如果不加以确认，就会掉入预设的陷阱中。人与人之间沟通的效果，往往和双方在一开始做了什么样的假设及在内心编了什么样的故事有关。

比如以下对话：

A：你故意在我的团队面前不给我留一点面子，每次开会你都唱反调，就是想证明你才是对的！

B：我提出补充意见，是为了故意贬低你的威信，来证明自己是对的？（B的回答是直接指出对方的认知逻辑，并没有用强烈的敌对性词汇。比如，“在你心中，我就是一个小人？”。）

A：你是不是故意的，我不确定，但每次只要我提出一个想法，你总是提出一些反面的意见。

B：实际上，我并不是反对，我觉得你提的想法不错。就是因为我认可你的方案，所以更担心无法执行下去。我看起来提的是反对意见，在本质上却是一种确保顺利实施的支持。如果让你感觉非常难受，下次我私下和你讨论？一直以来，我都以为这是我们两个人之间的默契，因为我发现，当我提出一个意见之后，整个会议的气氛就打开了，大家更愿意展开讨论和一起想办法。

A：哦！仔细想想，确实是这么回事，看来是我误会你了。

以上对话让我们看到，A对B的意图做了恶意的假设，因此向B发起语言攻击；而B没有直接用对抗的态度回应A的指责，而是先通过提问的方式确认A的真实感受，再针对性地进行解释，给了对方一定的思考空间，让对话进入良性模式。

人际关系中的很多矛盾，都源自沟通中的误会。因此，在与他人交流的时候，我们不仅要做到不对对方进行恶意假设，而且当别人对自己做了恶意假设时，能够正确地应对，消除对方的误解。

## 如何避免对他人进行恶意假设

如果我们在开口之前，就对他人的行为意图进行了不合理的预设，那么很大程度上会形成高强度对抗。比如以下对话：

A：我发现你最近一周迟到了三次，你最近对工作可是不太上心。

B：我的工作并没有出现任何重大失误，即便有迟到，也接受了公司对迟到的惩罚。

这段对话中，A 对 B 迟到的行为进行了负面的评判和假设，显然因为不够客观理性，引起了 B 的不满。

那么，怎样的沟通才是成熟、理性的呢？

面对同样的问题，足够理性的人之间可能会发生如下对话，我们可以从中找到答案。

A：你最近一周有三次迟到。

B：我最近搬家了，不过终于安置好了，已经找到了一条更便捷的上班路线，再也不会迟到了。

这段对话中，A只是陈述了客观事实，并没有对B的行为做出负面的评价。B没有产生强烈的对抗情绪，而是对A所描述的事实进行了合理的解释，并且说明了未来的解决措施。这就是良性的互动。

因此，避免对他人做出恶意假设的方法很简单：只陈述客观事实，不对对方的行为意图进行评判。

比如，“你昨天没有交工作日报，你是不是偷懒了？”，这样的说法就是站在自己的立场，对对方的行为意图做出负面评判，必然会引起对方的敌对情绪。

其实我们完全可以只陈述事实：“你昨天没有交工作日报。”

对方可能会进行解释：“我昨天下午约见客户，聊到很晚，没有来得及写日报。今天我会补上的。”

## 如何应对别人的恶意假设

如何应对别人的假设？当对方做了恶意的假设，我们不要因为感到委屈而与对方起冲突，而是要能够帮助对方和自己回到客观、自然的状态里。

**方法一：使用提问**

A：如果你真的在乎这件事，即便我不提醒你，你也该知道怎么做。

B：你是怎么推导出来的这个结论？

以上对话中，运用提问的好处在于不指责对方“幼稚”“无理取闹”，而是请对方自己找出逻辑和结论之间的关系，进行逻辑自洽。当对方经过思考，发现自己的结论站不住脚后，对方对你的评判自然不攻自破。

再比如，当你和伴侣发生分歧的时候，对方说：“你总是忙自己的工作，根本就没有对家庭进行付出。”

你可以说出自己的想法：“你觉得怎么做能更好？”而不是阴阳怪气地反驳：“如果是你有这样重要的工作机会，你估计会更不顾家。”

**方法二：保持弹性**

A：您上次说支持业务员，但是我看到的却是，你扩充了法务和财务等职能部门的人员，为什么出现这样矛盾的现象?

B:你替大家问了一个好问题。你讲了大多数人想讲但不敢讲的心声。我们先一起思考一下我们企业处于发展中的哪个时期。通常我们认为一家企业的发展离不开五个时期:草创期、成长期、成熟期、下滑期、转型期。草创期的企业一定是以业务为主导的,管理能力在这个阶段发挥的作用并不太大,因为一切以业务为导向。到了成长期,也要稳定业务量,对业务员的能力提出了更高的要求。成熟期则是需要公司实现好的管理。下滑期是传统模式不奏效,将自动过渡到转型期。不同时期,对业务和职能部门的要求是不一样的,你认为我们现在处在哪个时期?

A:公司现阶段处于成长期。

B:说得很好。成长期的企业对业务员的要求不再像草创期那样,一切以成交量为考核,对业务的支持还要体现在公司整体的发展稳健,给业务员提供更好的背书。扩大职能部门的本意就是为业务提供更好的支持,而非局限于发展业务,毕竟在这个阶段,稳定业务量也是重中之重。

以上对话，我们看到解决对抗的方法除了提问，迫使对方进入冷静思考，还可以在回复时注入弹性的语言，这句话就是“你替大家问了一个好问题”。这句话认可了 A 提出质疑的意义，在瞬间扭转了两方对立的情绪。

虽然我们能够看到 B 后期的解答非常精彩，但如果没有一句弹性的话在前期铺垫，比如，B 说的是“这个问题有什么好问的？”，不论后面解释得多么有道理，A 都会因为带着负面情绪而无法进行客观的思考。

所以，我们要在对方做了恶意假设的时候，为对话注入弹性语言。试试看，这一定能给对话带来神奇的改变。

## 把握对话中的敏感信号

很多人不明就里，为什么那些会说话的人在现实生活中似乎总能享受到一种特殊的优待。那是因为，同样的意思，不同的人在表达时所传递的情感信号可能是完全不同的，而这能直接影响听者的情绪和感受。

语言的传递分为两个世界：内容世界和解读世界。内容世界承载着所想要传递的信号，而解读世界则由对方来决定。会说话的人一定是在对方的解读世界里，为对方创造了一些积极的信号。

如何让对方对你的语言进行正面的解读呢？

第一，你的态度是对方解读你的重要标准。

即使很多人不承认，我还是要说，太多的情况下，说话的态度大于说话的内容。谁能拒绝宛如棉花糖一样的柔软请求呢?

比如，你的上级对你说“把文件送到B部门”和“你帮我把文件送到B部门，可以吗?”，虽然无论他怎样表达，你都不可能拒绝，但你还是会因为说话方式的不同，带着不同的心情去执行任务。

第二，满足人性中“趋利避害”的根本需求。

在和别人的聊天与对话中，听到那些与自己利益相关的事情时，每个人都会变得十分敏感。在这个过程中，如果想多创造一些“给对方带来好处的”直接信号，那么不妨改变一下自己的语言结构。这并不是欺骗，而是一种令对方接受起来更容易的语言技巧。

我们通过如下对话，感受两种表达方式会为对方带来怎样不同的感受。

**初级表达**

我擅长写文章。

**高级表达**

我能帮你写软文。

**初级表达**

我会做饭，我愿意做饭给你吃。

**高级表达**

我爱干净，我也能帮你保持整洁。

**初级表达**

我给你一个机会。

**高级表达**

我愿意和你合作，让我们变得更好。

以上所有的对话中，“初级表达”的落脚点都在“我”上，而“高级表达”的落脚点在“你”或者“我们”上。这种角度上的转变，能够让对方直接感受到你对他来说的价值所在。

第三，洞察对方的真实感受，优化沟通中的细节，才能精准地打动人心。

说话的人有一个自己的内容世界，但是听话的人可以创造自己的解读世界。

在沟通中，产生一些误会在所难免，我们作为说话的人，还是要尽可能地用积极的信号带动对方。细节是通往一个人的桥梁，哪些细节能够为解读世界的人传递敏感的信号呢？

第一个细节：即便在利益的驱动下，大部分的人还是愿意和内心温柔的人聊天。

举一个我个人的例子。在我从事记者工作的第三年，遇到了一位企业家吴总。因为对我的赏识，吴总提议我进入他的企业工作。

吴总不仅开出了优厚的条件，而且还将工作内容进行了一个大致的描述，他在讲述工作内容的时候说到他自己是一个能充分放权的人，一定能够充分尊重我的工作安排。

当时的我渴望新的挑战，而吴总的业内口碑也非常好，我不可能毫不动心。

后来，在一次接触中，吴总问我什么时候能够正式离开我所从事的岗位，入职他的公司。我提到了自己作为一个记者对于新闻工作的热情和喜爱，我本来想说，希望将来能够将这份专业带给我的精神融入吴总的企业文化设计中。

但是我话还没说完，吴总就摆摆手说："就算你对新闻再热爱，做一个记者，收入还是有限的。你来到我这里，担任的是一个部门的负责人，我看你下个月就尽快过来吧。"

听到他的这句话，当时我的解读并不是"求贤若渴"，而是从中接收到了一种新的信号：吴总虽然自我标榜是一个不强势、会充分授权的人，但他并没有太多耐心，他甚至能在别人人生的重大选择上做独断的安排。

这种强势的性格本没有对错，但并不是我想要和需要合作的对象。

后来，我只好顺水推舟地表达了虽然新闻工作收入不高，但我还是想继续当一名记者的想法，拒绝了吴总的邀约。

从这个经历中，我也得到了这样的结论，很多人对自己没有客观的认知，并不了解自己到底是一个强势还是温柔的人，那么，通过留意和分析自己的语言，能够帮助我们加深对自我的了解。

强势的人喜欢对人进行评判，喜欢用直接的方法给出解决方案；温柔的人懂得倾听，更关心对话双方的感受。

在《高情商聊天术》这本书中，我也讲到了感受的重要性。很多事情之所以解决起来不顺利，并不在于问题本身有多难，而是忽略了他人的感受。就像上面故事中的吴总，他说的话似乎每句都是正确的，但是在我听来却感觉不到温暖。

人和人之间，只要关注彼此的感受，很多问题就不是问题了，再大的麻烦，也是能够自动解决的。所以，我们想要掌控聊天，就要把他人的感受放在心中。

第二个细节：倾听的人，需要揣测出说话的人的真正动机。

尤其对于销售而言，对顾客的倾听和解读是非常重要的。顾客并非刻意地伪装，但总是有不同的原因让他们隐藏自己的真实想法。

举两个例子。

销售人员常常听到有的顾客说不在乎价格，在乎的是质量。如果销售人员轻信了客户的话，对“不在乎价格”这个信号深信不疑，不再充分考虑客户的承受力，就会犯挂一漏万的错误。比如，给顾客推荐了一个价格超高的产品，产品本身质量优越，服务过关，但价格让客户承受不了。这种情况下，客户往往也不会进行讨价还价，而是以别的理由放弃购买。正确的做法还是以性价比为前提，试探顾客真正的承受力。即便顾客真的就是想购买高价格的产品，这种做法也不会错。

另外一个则是完全相反的案例，有的顾客会明确表示，自己想要的产品，价格必须在某个价位。会倾听的销售人员依然会对这个细节进行解读和试探。比如说：“您提出的预算在300万元，我会努力为您找到符合您标准的这个价位的房子。同时，我想再请教您一下，如果有一套房子，符合地段、户型、楼层等您心中的条件，唯独价格比您预期的要高出 10% 左右，您还考虑吗？”只有提出这样的问题，才能够真正了解到客户的真实想法。

第三个细节：倾听的人，会根据谈话中的某个信息脑补、构想出未来。

有的对话中，仅仅是因为出现了某个词，就会引发别人强烈的反应，这样的词，在使用和倾听的时候，都应该小心留意。

比如，我曾听到两个工作伙伴为一个转折词不欢而散。

其中一个人说：“我这次去深圳出差，谈生物投资的项目，你去吗？”

另一个人回答：“我原本可以去，但是我要接待从东北来的陈总，去不了。”

对方听到这句话就莫名烦躁了起来：“不能去就说不能去，‘但是’后面的话，都是废话，这就是在浪费我的时间。”

双方由于一个表示转折关系的连词产生了对抗。

如果能换个说法：“我要接待从东北来的陈总，所以去不了深圳。”

经过这样简化后的信息，没有语义上的转折，也没有给对方需要分析的复杂信息，从而降低了对方产生抵触情绪的可能性。

还要留意一些有重要信号的词。

比如一定不要说脏话，任何时候，不管在状态多么放松的聊天中，脏话都应该尽量少地出现在你的语言体系里。

虽然我们大部分人认为，偶尔说句脏话并不是什么绝对错误的事儿，但是脏话在很多情况下，是对复杂情绪的简化。当一个人使用了某些脏话时，就会简化自己对复杂情绪的表达。

一句脏话可以出现在骂一个人的时候，还有极大的可能出现在他看到美好景物表达惊叹之情的时候。

这样做的危险是，当你需要用语言和逻辑对一件事情进行表述和定义的时候，会突然发现，自己说不出来了。

人的大脑总是倾向于简单、不思考、犯懒。某些脏话，正是因为符合了大脑的特性才流行起来。

因此，一个有自律性和对自己有要求的人，应该对脏话进行控制，进而控制住大脑不思考的坏习惯，提高自己的表达能力。

## 将谈话的局面控制于无形中

想要在聊天中影响对方的状态，让对方重视与你的沟通，就不要传递那些显得对方不重要的信息。要让对方明白，自己是把对方放在心上，是把对方的利益放在心中的。

当这样的信息准确无误地传递到对方那里，无形中，你就改变了谈话的局面。

我们体会一下如下场景。

**休闲聊天**

对方喋喋不休地说“我有一个表姐……”“我有一个阿姨……”等类似你不了解的人的故事。

你想说“这些人我一个都不认识，你闭嘴吧”，但你知道你不能这样说。这样说，不仅意味着聊天的终止，甚至意味着关系的疏远，因为这种表达是对他人想要自我表达的拒绝和排斥，有如在辱骂对方“你说的那些对我毫不重要，你这个人也对我无关紧要”。

如何让双方在聊天中进入同一频道？

你不妨试着转换话题，说：“你和老家的亲戚关系真不错。来北京后，你觉得在北京，大家交朋友的方式和老家有什么不同？”

这样的铺垫、过渡，引出新话题，就不会令彼此难受。

**商务活动**

对方惜字如金地说：“我是一名律师。”

你很想和对方的关系更加自然一些，也希望对方多说一些自己的想法。你可以说：“大众关于律师最常见的误解是什么？”

这个话题中，“大众”这个词用得很好，对方会感觉到他不是在回答你一个人，而是在帮助更多人厘清错误认知。这样还能避免你自己因为不懂律师这个行业的特点，而问出某个让对方难以回答的问题后，导致冷场。

对方可能会回答你：“受影视剧的影响，很多人以为律师特别能说，滔滔不绝，还时常打断别人。其实律师说话很有礼貌，通常是对方说完我再说……”

**推销产品**

因为销售人员对自己所在行业的信息了解得更多，所以在与客户的交流中天然处于强势的位置。如果你是销售员，就要想办法转化这种局面，让潜在顾客隐隐地有一种处于优势地位的感觉。

比如，在一个大型的家具城。

如果你问：“你要买什么家具？”

对方可能说：“随便逛逛。”（处于戒备状态）

如果你问：“你的房子在哪个小区？”

对方可能说：“在某某小区。”（这个问题的答案可供销售人员判断潜在顾客的财力，但也有可能引起部分顾客的回避，因而陷入更加对抗的状态）

如果你问：“外面下雨了吗？”

这个问题的优点是，让顾客回答起来毫无障碍，也让对方感觉自己是处于强势位置上的人，是可以给你提供信息和帮助的人。

在这里我们要明白，聊天的意义并不是要迅速解决问题或者达成合作，有的聊天要进行很久，才能为解决关键问题而服务。在实现最终目的之前，这些寒暄听起来是废话，却是必不可少的对话内容，我们不可能跳过这些环节直奔主题。

**邀请活动**

你想邀请别人陪你逛商场。

你说："这个商场真好。"

不如说对方在乎的某个品牌有优惠力度："我去过这家商场，位置很远，但是我逛了一圈发现，×× 品牌折扣的力度真的很大。"

给对方提供实实在在的具体信息，远比笼统地说自己的感受更加具有说服力。

此外，我们还要重视非语言的信息，比如适合说服他人的环境。

假如你准备好了一套周密的话术，想要说服对方，但是对方这个时候并没心思听你说话，对你正在说的事情无法集中精力，那么，你的话术再精妙也没有任何价值。

所以，在实际沟通中，我往往会格外留意对方的视线。

当你约一个客户在一家酒店大堂的咖啡厅见面，你选好座位之后，请务必坐到客户的座位上体会一下对方的感受：当客户就座后，他的视线是否被你“封死”，而不是被走来走去的人群干扰。

还要留意你自己的位置，当你看向客户的时候，要考察自己是不是处于逆光的环境中。通常在强光的照射下，人会本能地眯眼睛和皱眉头，这种非语言的信息一旦产生，会让对方产生不好的感受，再想要扭转局面就变得非常困难。

# 如何不伤感情地说“不”

很多人的日常苦恼，都源自对别人答应得太快，拒绝得太慢。

生活中，也有很多人是讨好型人格，总是开不了口拒绝别人。

近年来，勇敢地说“不”受到越来越多人的提倡，但实际生活中，我们发现，说“不”确实是需要智慧的。我们不可能总是对别人说“不”，因为如果我们总是毫不犹豫地说“不”，当我们需要帮助的时候，也会得到别人斩钉截铁的一个“不”字。

在拒绝别人时，应该用什么样的理由，表现出怎样的态度，是我们一定要学习的。正如拒绝借钱给别人时，最好的理由是你已经将自己的钱“花掉了”。当你对自己的资产进行了科学有效的管理，没有余钱可借的时候，别人不仅能够轻松接受你的“不”，也许还再也不会向你提这种要求。

我们还可以采取如下方法，确保说“不”的时候不伤感情。

第一，要从源头的行为设计上说“不”。

当一个孩子对父亲说：“爸爸，学习需要电脑，我需要上网。”

基于目前互联网时代的学习环境，难道父亲能够拒绝这样合理的请求吗？

但是令父亲担心的是孩子心中的其他请求：“我可以玩游戏吗？”“我可以浏览网页吗？”“我可以在网上聊天吗？”

父亲当然想对以上的行为说“不”。

然而，孩子的这些请求和想法暂时根本不会说出来，父亲的拒绝也就无从谈起了。这种情况下，不妨从开始的行为设计就给出“边界”。

比如，父亲说：“可以给你买一台电脑用于学习。”然后把电脑的位置放在客厅，因为客厅是一个非私密的开放空间，这样的位置决定了孩子要接受大家的监督。当孩子要被一些不好的信息诱惑时，他的自控能力会因为环境的开放性而提高。

在家庭环境中可以如此设计，在一家公司里，对整体制度和流程的设计，也是对某些不良行为严格地说“不”，比如每家公司基本都有员工守则、流程规范等。

第二，可以给出合理的理由。

举个例子。有人请文采很好的小孙帮助自己的孩子写一篇中学生参赛作文，小孙对此哭笑不得。小孙虽然是中文系毕业，但是并不擅长写中学生作文，但是她又不便于批评对方，因为对方爱女心切，并非恶意。

小孙给出的理由分成了三部分：一是她提到自己完成这件事情的难度，因为自己对当下中学生的生活不熟悉，写出来的文章自然也会不真实；二是如果孩子以别人写的作文获得了荣誉，虽然一时会高兴，但是会对孩子一生的品德教育和自我成长造成巨大的伤害；三是淡淡地说一句“替写作文获奖的事情，万一被同学们知道了，孩子怎么办？”。

小孙将以上理由呈现给对方，用不着她自己直接拒绝，对方就会迫不及待地主动收回请求。

第三，不要陷入争辩。

立场的坚定，比争论和指责对方更加高效。

不退让的态度是说“不”最重要的原则，但是，不退让永远不等于高强度的对抗。当别人说：“你想的这套方法我们以前也试过，不符合实际情况，没有什么作用。”你没必要对此大为光火，或者恶语相向，你只需要坚定地对对方的否定说“不”。

在说“不”时，使用正面、积极的语言，而非消极的语言。正面、积极的语言会让你整个人更加有力量。

你可以肯定地说：“我知道你以前做过积极的尝试，但我这一次的方案会告诉大家为什么以前失败了，这次会有很大的机会成功。真正的原因并不在于方案本身有问题，而是环境发生了根本性的变化。”

想想看，你和对方的语言如果在客观的第三方面前呈现，谁会得到更多的帮助？

第四，给出替代方案。

比如，你的伴侣提了一个要求，让你陪她一起过周末。

你们两个人消遣的方式完全不同，但你当然不能说“不”，因为对方的本意是要更好地经营感情，为两个人创造共同的回忆。

所以，你可以说：“我们选一家大型商场，我去看电影，你去做美容美甲。之后，我们就一起吃晚饭，再一起回家，好吗？”

这个替代的方案既能很好地回应对方的情感，也丝毫不勉强自己，是用一种更好的方案取代了对方的计划。

以上四种方法，可以灵活运用于需要说“不”的场合。

最后，补充一种特殊情况，那就是分析和判断什么时候要坚决说“不”。

生活中，每个人都要善于观察别人的底线。因为每个人都有自己的底线和原则，但是没有人会随时把自己的底线亮出来。

人与人所处的环境不同，底线也自然不一样。比如，有的人不喜欢别人拿自己的家人开玩笑，而有的人会觉得开一两句玩笑是亲近的表现；有的人对工作上的懒怠丝毫不能容忍，但有的人认为工作就是谋生的手段，不出错即可；有的人将面子视作人的第二心脏，有的人则追求务实胜过对面子的渴求。当我们了解到对方的底线后，就能轻松地掌控和别人交往时的边界在哪里，不会轻易触犯对方的底线。

但同时还应该了解到，不是所有人都知道你的底线在哪里。在别人对你的底线毫无了解，正要踩踏过来时，你要足够干脆、果断、不拖泥带水地说“不”，要坚决亮出自己的态度。

我想分享一个案例，来说明什么是底线和原则。

行政经理余总并不想招聘行政副经理这个岗位，但公司还是发出了招聘启事，肖先生入职了这家公司成为行政副经理。

公司给行政部门下达了一个任务：布置公司最重要的展览墙。余总将工作安排给了肖先生，肖先生接手任务后，将所有细节按部就班汇报给余总，余总每次都许可和通过。

等到一切安排妥当，在实施阶段时，余总到现场后提出了很多反对意见。

当时，肖先生就亮出了决不妥协的态度：“每一个布置的细节，我都提前汇报给您了，现在到了实施阶段，如果您不满意，您可以亲自来指挥。”

余总既不能承认当初是自己没有判断力，也不能表示此举是故意刁难，只能默默走开。

自此，肖先生后期的工作再没有被余总干扰过。

这一面未经修改的展览墙，也展示了肖先生说“不”的底线和态度。

## 把强迫变成自愿

亚里士多德总结了三大说服模式，分别为人格说服、逻辑说服、情感说服。

人格说服通常是用说服者的人格力量来征服对方。我见过最厉害的人都是能够控制自己情绪的人。他们并不是矫揉造作地嘘寒问暖，也不会动辄就和不熟悉的人以“亲爱的 ××”相称，他们的人格魅力体现在，他们的眼中似乎没有一个人是坏人。他们能打开心扉，开诚布公又恰到好处地讲出自己的想法。

这样的人会拥有一种神奇的力量，那就是当他们用积极、阳光、真诚的心态面对别人的时候，别人也只能用积极、阳光、真诚的心态来回应他们。

逻辑说服指的是以严密的逻辑推理来晓之以理，打动对方。

逻辑说服通常发生在因利益产生矛盾的时候。什么样的行为会产生什么样的后果，某一个后果又是否会连带出更多的后果，这都需要用逻辑推理来对别人进行说服。

情感说服是指抓住人们普遍在乎的亲情、友情和其他微妙的情绪展开说服。

先要做好情绪管理，才能用情感来引导别人。

在《菜根谭》里有这样几句话："家人有过不宜暴扬，不宜轻弃；此事难言，借他事而隐讽之；今日不悟，俟来日正警之。如春风之解冻，和气之消冰，才是家庭的型范。"

这几句话的意思是：家人犯错，不应大发脾气，也不能视而不见，弃之不管。如果不好说，可以通过其他事来暗示和提醒，使其知错能改；如果还不能醒悟，可以过一段时间再找机会进行警示。这样如同春风解冻大地，温暖的气候消融冰雪一般，才是家庭教育的典范。

以上说服模式中，普通人最容易掌握的，就是情感说服。当我们拥有了以上的"和气消冰"的心态后，再通过如下对话，来感受语言的神奇差异。

体会如下说法有什么不同。

**案例一**

第一种说法：你会和我合作吗？

第二种说法：你会考虑和我合作吗？

**案例二**

第一种说法：快把饼干吃完。

第二种说法：这个饼干没有防腐剂，如果后天还没吃完，你就不要再吃了，以免对身体造成不好的影响。

**案例三**

第一种说法：你到底要不要吃饭？

第二种说法：我做饭给你吃好吗？因为你已经一天没吃东西了。

以上各案例的第二种说法，都是利用了一种微妙的情感，展开了情感上的说服。案例一降低了对方答应自己的难度和压力。案例二以一种关心的表达方式，给对方提供了选择和暗示。案例三以服务的态度说服对方接受自己的安排。

以上三个案例虽然使用的语言方式不同，但其中异曲同工之妙都在于把一种强迫变成了自愿。

我们说服别人的时候，千万不要命令、强压、威胁，而是要让对方感受到“我愿意和你一起解决问题”。任何的命令、强迫、威胁，都会让对方想要立即逃走。

比如在合作中，你的搭档出现了失误，你说服的方式可以是：“虽然这个错误有点棘手，但好在你及时反馈，我们一起看看如何处理这个问题。”

在生活中，当别人对你造成了伤害，不要马上给对方进行负面的评判，而是给对方补救的机会——给他画出一条基于现实条件下，他能够帮助到你的路径。

## 改变固定的语言模式，放弃无效的话术

我曾听到一种说法：计算机算法为什么总能战胜人类？因为计算机算法更加专注于当下，总能把眼下的每一步当作第一步来操作。

我们在人际沟通中，也可以向这种算法进行学习。尤其是对那些心中已经有一套成熟方案的人来说，更应该在对话中保持灵活的态度，不能盲目地按照自己的固有方案推进。

什么叫“整套想法”和“固有方案”？

在《红楼梦》的第三十三回，发生了“宝玉挨打”的事件。宝玉被打之后，薛宝钗和林黛玉都来探望，薛宝钗当时说了一句：“早听人一句话，也不至今日。”林黛玉说的是：“你从此可都改了吧。”

这两句话从字面意思来理解其实差不多，但对于最不能忍

受别人劝自己“改”的贾宝玉来说，薛宝钗的话听起来更不讨喜。为什么薛宝钗表达了如此深的关切却不能令贾宝玉“领情”？原因就在于林黛玉只是针对眼下的处境对贾宝玉提出规劝，而对于薛宝钗来说，一句话的背后却有整套的规劝、规划、劝诫，试图说服贾宝玉变成另外一个人。这是最令贾宝玉不能接受的。

我们在对话中，要借鉴其中的道理，不能固守自己的一套想法或者是说法。

尤其是在说服人的案例中，我见过很多人之所以把事情搞砸，并不是因为不善言辞，反而是因为说得太多。

我亲眼见过这样一个例子，A 部门的领导肩负着劝说 B 部门合作的任务。原本只是一句话能够解决的事情，比如，“公司高层已经做了决议，我们密切配合起来，把任务做好”即可。但是 A 部门的领导非要把问题复杂化，不知道他是不是急于展示自己刚学到的一套谈判策略。在 B 部门领导已经答应合作邀约之后，A 部门领导还是画蛇添足地要把自己原来设想的话术搬出来。于是展开了“本不应该存在的”说服工作：“如果选择这次合作，你们部门将实现创收。在我的分析中，B 部门可以通过这次合作得到如下三个好处……”没有想到的事情发生了，B 部门领导听了这三个好处之后，本能地进行了各个击破。

原本一件简单的事情，就这样节外生枝了。

这个案例听起来有些可笑，但生活中，这种情况就是在不断发生。很多场合下，人们太关注对话是否按照自己的计划来进行，而忽视了关注眼下事情到了哪一步，缺乏随机应变的能力，非要从头按照自己的想法走一遍。

在这件事情上，我们其实可以向孩子学习。

有人说孩子天生是谈判的高手，因为孩子没有负担，没有固化的思维和习惯。

比如，你的孩子对你说："我需要一百元零用钱。"

因为孩子没有正当的理由，所以你拒绝了他。

但是在你着急出门的时候，孩子又出现在你的面前，说："爸爸，我需要一百元零用钱。"

依然是欠缺正当的理由。他似乎忘记了自己当初被拒绝就是因为他没有正当的理由。

但孩子的可爱就在于，他不会编造理由，他就是想要这笔钱和同学一起去某家店消费。

这一次，你迫于着急出门的压力，答应给他一百元。孩子不会质疑你为什么两次的回应不一样，他只知道，上次拒绝不等于这次也会被拒绝，只要发出请求，就有可能取得成功。

你可能学习过很多说话技巧，但比起一套又一套的语言技巧，“把每一步当成第一步”，关注眼下，放弃多余的、无效的话术，对我们来说是更加重要的。

## “逼”对方展示他真实的态度

人与人之间的关系体现在对话中，如果总是说一些大道理，两个人不可能在思想的碰撞中创造出新的内容。我们解决对抗，是为了能应对各种矛盾，而不是从根本上消灭矛盾。毫无攻击性的关系，不真实也不长久。

在日常的人际关系中，我们会尽量避免冲突，但这不意味着永远使用平和的、毫无情绪色彩的语言。很多时候，为了得知对方真实的想法、态度和感受，我们需要通过一定的方式，刺激对方将情绪显露出来。

首先我们要知道，为什么很多时候，人们会将自己的态度隐藏得很深？

并不是因为人们没有态度，也并非所有人都是刻意隐瞒，而是因为有的人并不认为自己的态度是需要表达出来的。

这种情况的风险就在于，如果你不知道对方的真实态度，你在与对方打交道的时候，就如同在海上茫然地航行，连冰山的一角都看不到。

于总和林总曾经是事业上的合作人。小张有一笔业务，他需要决定最终与谁合作。是于总，还是林总？抑或是三方一起？他必须试探出于总和林总真实的关系，才能根据自己的需求提出合作方案。

但是于总和林总的关系极其微妙，小张不敢贸然试探。

直到有一次，林总在公开场合发表了不当的言论，引起了人们的反感。于是小张就事件本身和于总谈了自己的想法。

于总一语不发，他似乎也在判断小张的态度。

小张说："林总说的这句话很有可能在私下场合也说过，但是周围的人迫于他的声望，估计也没有人敢纠正他。所以，关于这个言论，林总一直没有收到负面反馈，就习惯成自然地在公开场合也发表了出来。这件事后期引发的轩然大波，对林总造成了不小的攻击。"

小张的这句话，似乎表达了自己的想法，又似乎只是客观地说了一个现象。

果然，于总终于表达了他强烈的态度，他说："我认同你说的，老林绝不可能是第一次说这种话，这就是我和他始终在合作中磕磕绊绊的原因。他没有现代开放的思想，虽然他现在所使用的一切东西都是最符合当下潮流的，但是他的想法却永远地停留在了'清朝'。我对他本人没有敌意，他也不是我的敌人，但是他脑子里的落后思想，就是我的敌人。我永远都不想再和老林有任何形式的合作。"

小张在于总这种明确的表达下，终于明确了自己方案实施的依据。

我们要学会一些方法，来打探对方真实的态度。

比如以下的提问方式，可以转移矛盾点，弱化目的性，能很大程度上缓解刺探对方时给对方造成的压力，帮助我们进一步找到冰山一角，从而分析海面下的巨大冰山：

1. 当别人对你的两个方案都赞不绝口，而你需要听到明确的答案时，你可以问："这两个方案相比，你更喜欢哪一个？"

2. 当你想知道对方对自己所说的理论到底是不是有信心，你可以问："您刚才说的，对提高我的整体认识有很大的帮助。不过我还是想问一下，您现在在这个领域内，还会遇到难以解决的问题吗？"

3. 当你想知道对方对某个人的态度时，你不能直接问“你对某某某怎么看”，而只能通过对事情的打探，画出对方脑海中的人物画像。比如，你可以询问某件事情，从事情中，让他自己表达出对他人的看法。

4. 当你想问对方最愤怒的事情是什么，对方可能会提高警惕性，因此，你不妨把问题换成“你最伤心的一件事情是什么”。相信我，伤心是人人都回避不了的话题，这个问题还包含了你对对方的关心。更重要的是，在这个问题中，他很容易就能表达出自己无法接受的事情到底是什么。

5. 当你想弄清楚一个人对另一个人的所作所为究竟有什么样的感受时，你可以问：“如果让你给他这个行为打分，你会打多少分？”很少有人会违背自己的心意，对自己看不惯的事情打满分，所以当对方打分之后，你只需要针对被扣掉的分数进行提问即可。

6. 你想明白一个人对你不太满意的地方是什么，但对方为了维护关系，很可能不愿意直接回答你。这时，你可以问：“如果我已经表现得不错了，那么你认为，我在哪方面可以做得更好？”

最后，为了消减你在提问时别人心中存在的对立感，不妨在日常中学会做个有心人，在一些和自己无关的事情上多留意对方的态度，你将有机会从这些细枝末节中，得到你想要的答案。

## 逆惯性的思考与表达

在与他人的对话中，最高的难度在于时时警醒自己说过的话，时时关注自己的思维方式。

人的大脑有时候会偷懒，一旦习惯一套思考模式之后，就产生了思维惯性。同样，每个人都有自己固有的说话模式，我们习以为常，也很难改变。而当我们能够留意自己说话的惯性背后到底是什么，思考自己有没有必要换一种方式来表达的时候，我们就跨出了提升沟通能力最重要的一步。

对于自己的习惯，无论是好是坏，我们都很难觉察。为了确保大脑保持高度的运转，我们不得不时常挑战自己思考的边界，逆着自己的惯性来尝试一种新的表达方式。

在《汤姆·索亚历险记》中，汤姆刷围墙的故事就是通过逆惯性的思考，创造了新局面。

汤姆被罚刷墙，小伙伴本过来取笑他："被惩罚了，是不是？"

汤姆装作艺术家的样子审视他刚刚刷的那一块墙，接着又轻轻地刷了一下，继续打量着。本很好奇地又问了一遍："汤姆，你被罚刷围墙吗？"

汤姆猛然转过身来说道："我都没注意你在这里。"

本说："我们可以去玩，但你要干活。"

汤姆打量了一下对方，说："这叫干活？"

本惊讶地说："怎么，这还不叫干活？"

汤姆又开始刷起墙，漫不经心地说："这也许是干活，也许不是。这是一种艺术。"

汤姆优雅地用刷子来回刷着，不时退后几步看看效果，在这补一刷，在那补一刷。本盯着汤姆的一举一动，越看越有兴趣，越看越入迷。他说："汤姆，让我来刷一会儿吧。"

汤姆想了一下，正打算答应他，可又立刻改变了主意："我想这恐怕不行。波莉姨妈对这面墙是很讲究的——刷这墙一定不能马虎。"

本说："求你让我来试试吧。"

就这样，汤姆的伙伴抢着刷起了围墙。

汤姆脸上显得很不情愿，心里却是美滋滋的。

对很多故事，我们成年人太习惯一笑置之，实际上，这些故事背后都有一种对事物本质的思考。比如《汤姆·索亚历险记》中汤姆用到的高超的说服技巧，也适用于我们对孩子的教育。

很多大人常常说："好好吃饭，我才能让你吃巧克力！"孩子听到这句话之后，就会在心中默认为巧克力是更好吃的食物。如果改变一下思维，变成："好好吃饭，我就给你喝牛奶！"孩子会认为喝牛奶是一种奖励，而非一种惩罚，很可能会每天乖乖地喝牛奶了。

在沟通中，还有一种常见的转换思维的方式：你希望别人如何对你，你就如何对他。

我们的生活如此忙碌，当然追求自己的时间价值最大化，但是往往忘记了转换思维——对于别人来说，也是如此！别人也希望珍惜自己的时间。

因此，当我们想要对方为自己做某件事情时，尽量不要让对方感觉为你付出了时间。如果你对对方说："我想去滑雪，你陪我去！"想想看，对方的第一反应是什么？

有可能是："我不想滑雪，我为什么要用自己的时间来陪你？"

但是如果你说："你有什么想做的事？我可以陪你一起做。""如果你有时间，你最想做什么？我陪你。""如果你不考虑行程，你想去哪里吃饭？"

当你为对方做了这些之后，对方大概率也会关心你的需求，并且为了心中的"公平"，也会想怎样满足你的需求。

我们在说话中，还可能会出现一种"我是为你好"的惯性表达。这样的语言，看似在表达自己的善意，结果往往是既打动不了别人，也打动不了自己。

无论在谈判、说服，还是聊天、沟通中，诚实地表达自己，都应该是我们努力的方向。《维特根斯坦传：天才之为责任》里有这样的观点：人不是天然的单纯和诚实，成年人的单纯和诚实，是努力地与自己搏斗才得来的。

我们学习聊天技巧，绝对不是学习说假话，不是说无意义的漂亮话和场面话。

当你的领导问你如何安排周末生活的时候，你完全没有必要退缩，也没必要说一些看似正确的"假话"。你可以说："近期我想好好地休息，关注一下家庭生活。周末我打算带孩子接触篮球、酷跑、攀岩、旱地冰球，让他爱上运动。同时，我自己也想多了解一下运动。”

当你要求对方改变之前，也要用批判性思维审视自己：“我的初衷真的是为了他好吗？其实我只是为了自己，才要求对方改变吧？”

比如你说：“你说话的时候小点声，不然会显得你粗鲁。”这句话看似是在关心对方的形象，但对方不但不会感激你，心理阴影面积还会迅速扩大。但如果你说：“你说话的时候小点声，影响到我工作了。”这种坦白和真实的态度，即便会引起对方小小的不快，也不会让对方对你产生恶意。

当你收到的礼物完全不称心时，你要诚实，而不是沉默。你可以和对方说：“虽然我自己对花粉过敏，但我收到的是你的心意。”

总之，每个人生活在这个世界上，想要创造任何的成就，都需要不断地进行自我更迭，要带着终生成长的心态来进行学习，不断地进阶。因此，我们不要被自己的语言惯性牵着走，而应该有意识地对自己的话语体系进行客观的分析，而不是顺着惯性，永远用固定的表达模式去应对一切情境。

**图书在版编目（CIP）数据**

掌控聊天：人际沟通中的关键策略 / 张超著. —
北京：中国友谊出版公司，2020.10（2021.4重印）
ISBN 978-7-5057-4988-7

Ⅰ. ①掌… Ⅱ. ①张… Ⅲ. ①心理交往－语言艺术－
通俗读物 Ⅳ. ①C912.13-49

中国版本图书馆CIP数据核字（2020）第179488号

**书名** 掌控聊天：人际沟通中的关键策略
**作者** 张 超
**出版** 中国友谊出版公司
**发行** 中国友谊出版公司
**经销** 新华书店
**印刷** 三河市冀华印务有限公司
**规格** 880×1230毫米 32开
8.5印张 145千字
**版次** 2020年11月第1版
**印次** 2021年4月第2次印刷
**书号** ISBN 978-7-5057-4988-7
**定价** 46.80元
**地址** 北京市朝阳区西坝河南里17号楼
**邮编** 100028
**电话** （010）64678009